ち

Tusculum-Bücherei
herausgegeben von H. Färber und M. Faltner

TIBULL

und sein Kreis

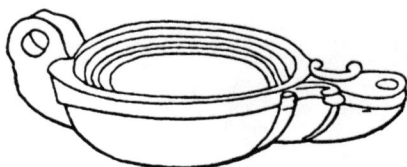

Lateinisch und deutsch
ed. Wilhelm Willige

Bei Heimeran

Neuausgabe 1966 · 117

Gesamtherstellung:
Graphische Kunstanstalt Jos. C. Huber KG., Diessen vor München

INHALT

Q. Horatius Flaccus ad Albium Tibullum

Albi, nostrorum sermonum candide iudex,
quid nunc te dicam facere in regione Pedana?
scribere quod Cassi Parmensis opuscula vincat,
an tacitum silvas inter reptare salubres,
curantem quidquid dignum sapiente bonoque est?   5
   Non tu corpus eras sine pectore: di tibi formam,
di tibi divitias dederunt artemque fruendi.
quid voveat dulci nutricula maius alumno,
qui sapere et fari possit quae sentiat, et cui
gratia, fama, valetudo contingat abunde   10
et mundus victus non deficiente crumena?
   Inter spem curamque, timores inter et iras
omnem crede diem tibi diluxisse supremum:
grata superveniet, quae non sperabitur hora.
me pinguem et nitidum bene curata cute vises   15
cum ridere voles, Epicuri de grege porcum.

                                        (Epist. I, 4)

Albi, ne doleas plus nimio memor
immitis Glycerae, neu miserabiles
decantes elegos cur tibi iunior
      laesa praeniteat fide.

Insignem tenui fronte Lycorida   5
Cyri torret amor, Cyrus in asperam
declinat Pholoen: sed prius Apulis
      iungentur capreae lupis,

Quintus Horatius Flaccus an Albius Tibullus:

Epistel (I, 4)

Albius, der du aufrichtigen Sinns meine Verse beurteilst,
Wüßt' ich doch, was auf den Fluren von Pedum jetzt dich beschäftigt!
Schreibst du, was des parmensischen Cassius Werk überbietet?
Oder wandelst du schweigend und atmest die heilsame Waldluft,
Sinnend, was würdig ist eines weisen und tüchtigen Mannes?
   Niemals fehlte es dir an Gemüt; es gaben die Götter
Schöne Gestalt und Wohlstand dir und die Kunst des Genießens.
Könnt' eine Wärterin wohl ihrem Liebling Größeres wünschen,
Der zu empfinden vermag und zu sagen, was er empfindet,
Sich der Beliebtheit, des Ansehns freut bei bester Gesundheit,
Sauberen Haushalt führt bei nie versiegendem Beutel?
   Zwischen Hoffnung und Furcht und zwischen Besorgnis und Ärger
Denke nur stets, wenn ein Tag dir erstrahlt, es wäre dein letzter:
Hold wird die Stunde dich dann, auf die du nicht hoffst, überraschen.
   Mich, wenn du lachen willst, wirst du feist und glänzend, ein
Aus Epikuros' Herde bei wohliger Pflege erblicken.   [Schweinchen

Carmen (I, 33)

Sei doch, Albius, nicht gar zu betrübt, daß sich
Lieblos Glycera zeigt! Singe nicht immerdar
   Klagelieder um sie, die dir die Treue brach,
      Weil ein Jüngerer sie gewann!

Steht Lycoris, bekannt durch ihre schmale Stirn,
Doch für Cyrus in Glut, neigt doch zu Pholoë
   Cyrus sich, die so streng; aber es gatten sich
      Rehe Wölfen Apuliens wohl,

quam turpi Pholoe peccet adultero.
Sic visum Veneri, cui placet impares   10
formas atque animos sub iuga aenea
saevo mittere cum ioco.

Ipsum me melior cum peteret Venus
grata detinuit compede Myrtale
libertina, fretis acrior Hadriae   15
curvantis Calabros sinus.

Carm. I, 33

P. Ovidius Naso

Donec erunt ignes arcusque Cupidinis arma,
discentur numeri, culte Tibulle, tui.

Am. I, 15, v. 27—28

Trist. IV, 10, v. 51—52

Vergilium vidi tantum, nec avara Tibullo
tempus amicitiae fata dedere meae;

Memnona si mater, mater ploravit Achillem,
et tangunt magnas tristia fata deas,
flebilis indignos, Elegeia, solve capillos!
A! nimis ex vero nunc tibi nomen erit:
ille tui vates operis, tua fama, Tibullus   5
ardet in extructo, corpus inane, rogo.
ecce, puer Veneris fert eversamque pharetram
et fractos arcus et sine luce facem;
adspice demissis ut eat miserabilis alis
pectoraque infesta tundat aperta manu;   10
excipiunt lacrimas sparsi per colla capilli,
oraque singultu concutiente sonant:

Eh sich Pholoe solch schändlichem Buhler gibt.
So ist Venus gesinnt, der es gefällt, was nicht
Gleich an Seel' und Gestalt, unter ein ehernes
   Joch in grausamem Scherz zu ziehn.

Mich selbst, während mich einst edlere Liebe rief,
Hielt mit holder Gewalt Myrtale fest bei sich,
Niedren Standes und noch wilder als Adrias
   Flut am Strand von Kalabrien.

Publius Ovidius Naso huldigt Tibull

Immer, solang der Liebesgott kämpft mit Pfeilen und Gluten,
   wird man Gedichte von dir lernen, verehrter Tibull.
                                         (Amores I, 15, 27/28)

Sehn nur konnt' ich Vergil; auch ließ das geizige Schicksal
   nicht viel Zeit dem Tibull, Freundschaft zu pflegen mit mir.
                                         (Tristia IV, 10, 51/52)

Wenn ihren Memnon die Mutter beweint, den Achill seine Mutter,
   Mächtiger Göttinnen Herz trauriges Schicksal beklagt,
Löse dir weinend das Haar, Elegie, zum Zeichen der Trauer!
   Allzu wahr nur erweist heute dein Name sich uns.
Er, deines Wirkens Verkünder, dein Ruhm, deine Zierde: Tibullus
   liegt, ein entseelter Leib, schon zum Verbrennen bereit.
Siehe, der Venus Sohn hat ausgeschüttet den Köcher,
   brach seinen Bogen entzwei, ja, seine Fackel erlosch.
Schau ihn an, wie er geht im Jammer mit hängenden Flügeln,
   schmerzerfüllt mit der Hand schlägt an die offene Brust!
Tränen benetzen das Haar, das über den Hals ihm herabhängt,
   beben sieht man den Mund, dem sich ein Schluchzen entringt.

fratris in Aeneae sic illum funere dicunt
    egressum tectis, pulcher Iule, tuis;
nec minus est confusa Venos moriente Tibullo,   15
    quam iuveni rupit cum ferus inguen aper.
at sacri vates et divum cura vocamur;
    sunt etiam, qui nos numen habere putent.
scilicet omne sacrum mors inportuna profanat,
    omnibus obscuras inicit illa manus!   20
quid pater Ismario, quid mater profuit Orpheo?
    carmine quid victas obstipuisse feras?
et Linon in silvis idem pater 'aelinon!' altis
    dicitur invita concinuisse lyra;
adice Maeoniden, a quo ceu fonte perenni   25
    vatum Pieriis ora rigantur aquis;
hunc quoque summa dies nigro submersit Averno.
    defugiunt avidos carmina sola rogos:
durat, opus vatum, Troiani fama laboris
    tardaque nocturno tela retexta dolo.   30
sic Nemesis longum, sic Delia nomen habebunt,
    altera cura recens, altera primus amor.
quid vos sacra iuvant? quid nunc Aegyptia prosunt
    sistra? quid in vacuo secubuisse toro?
cum rapiunt mala fata bonos — ignoscite fasso! —   35
    sollicitor nullos esse putare deos.
vive pius: moriere; pius cole sacra: colentem
    mors gravis a templis in cava busta trahet;
carminibus confide bonis: iacet, ecce, Tibullus;
    vix manet e toto, parva quod urna capit.   40
tene, sacer vates, flammae rapuere rogales
    pectoribus pasci nec timuere tuis?
aurea sanctorum potuissent templa deorum
    urere, quae tantum sustinuere nefas.
avertit vultus, Erycis quae possidet arces: 45
    sunt quoque, qui lacrimas continuisse negant.

Ganz so trat er bei seines Bruders Aeneas Bestattung
aus deinem Haus, wie man sagt, schöner Iulus, hervor.
Venus wurde vom Tode Tibulls nicht minder erschüttert,
als da des Ebers Wut ihren Geliebten zerriß.
Sänger des Heiligen nennt man uns, von den Göttern beschützte,
manche vermuten sogar göttliche Kräfte in uns!
Freilich entweiht der Tod, der grausame, alles, was heilig:
alles Lebendige packt Er mit vernichtender Hand.
Was haben Vater und Mutter genützt dem ismarischen Orpheus
Und daß er wildes Getier zähmte durch Liedes Gewalt?
,Linos, ach Linos', rief ein Vater inmitten des Hochwalds,
sang seinem Leide ein Lied, da sich die Lyra versagt.
Denk' an Homer, durch den wie aus unerschöpflichem Borne
musischer Trank den Mund späterer Sänger benetzt:
Ihn selbst tauchte ein letzter Tag in den dunklen Avernus;
nur die Gesänge entgehn dieser verzehrenden Gier.
Dichters Werk ist, was bleibt: die Kunde von Trojas Verhängnis,
von dem Gewebe, das List immer aufs neue zerstört.
So wird Nemesis' Name, wird Delias Name bestehen,
jene sein letztes Leid, diese als erste geliebt.
Was hilft all euer Opfern? Was hat die ägyptische Klapper
nun für Zweck und getrennt schlafen im einsamen Bett?
Wenn uns das Schicksal der Besten beraubt, — verzeiht mein Geständnis!—
bin ich zu glauben versucht, daß es die Götter nicht gibt.
Lebe als Frommer, — du stirbst; verrichte die Opfer, — den Opfrer
zerrt von den Tempeln der Tod fühllos hinab in die Gruft.
Glaub' an die Macht des Gesangs: da liegt, o sieh doch, Tibullus;
was von dem Ganzen verbleibt, füllt eine Urne nicht aus.
Dich, du heiliger Sänger, verzehrten die brennenden Scheite,
ja, zu verschlingen dein Herz haben die Flammen gewagt?
Ach, die könnten wohl goldene Tempel der heiligen Götter
äschern, die sich vor so ruchlosem Frevel nicht scheun!
Die auf den Höhen des Eryx thront, sie wendet ihr Antlitz;
manche behaupten sogar, daß man sie weinen gesehn.

sed tamen hoc melius, nam si Phaeacia tellus
   ignotum vili supposuisset humo:
hinc certe madidos fugientis pressit ocellos
   mater et in cineres ultima dona tulit;   50
hinc soror in partem misera cum matre doloris
   venit inornatas dilaniata comas,
cumque tuis sua iunxerunt Nemesisque priorque
   oscula nec solos destituere rogos.
Delia descendens 'felicius' inquit 'amata   55
   sum tibi: vixisti, dum tuus ignis eram'.
cui Nemesis 'quid' ait 'tibi sunt mea damna dolori?
   me tenuit moriens deficiente manu'.
si tamen a nobis aliquid nisi nomen et umbra
   restat, in Elysia valle Tibullus erit: 60
obvius huic venias hedera iuvenalia cinctus
   tempora cum Calvo, docte Catulle, tuo;
tu quoque, si falsumst temerati crimen amici,
   sanguinis atque animae prodige Galle tuae.
his comes umbra tuast; siquast modo corporis umbra,   65
   auxisti numeros, culte Tibulle, pios.
ossa quieta, precor, tuta requiescite in urna,
   et sit humus cineri non onerosa tuo!

                                                        Am. III, 9

Dennoch: so ist es besser, als wenn ihn phäakische Erde
   mit gleichgültigem Staub hätte als Fremden bedeckt.
Hier hat gewiß ihm die Mutter im Sterben die tränenden Augen
   zugedrückt und ins Grab letzte Geschenke gelegt.
Hier hat die Schwester geteilt den Gram der trauernden Mutter,
   hat sich am Grabe, ihr Leid klagend, die Haare zerrauft.
Nemesis kam, und die Frühere kam und vereinte mit euren
   Küssen die ihren und blieb auch der Bestattung nicht fern.
Delia, niedersinkend, sprach: „Meine Liebe beglückte
   mehr dich; du lebtest froh, als du noch glühtest für mich."
Nemesis drauf: „Wie sollte mein eigener Schade dich schmerzen?
   Sterbend hielt er ja mich noch mit erlahmender Hand."
Wenn aber etwas von uns, das mehr ist als Schatten und Name,
   bleibt, dann wandelt Tibull bald im elysischen Tal.
Ihm entgegen dann kommst du mit deinem Calvus, die junge
   Schläfe mit Efeu umkränzt, kunstreicher Dichter Catull.
Du auch, wenn irrig der Vorwurf, du habest am Freund dich vergangen,
   Gallus, der Seele und Blut strömte verschwendend dahin.
Ihnen gesellt sich dein Schatten, wenn Schatten von Leibern verbleiben:
   Mehrer des echten Gesangs warst du, verehrter Tibull.
Stumme Gebeine, so fleh' ich, nun ruht, in der Urne geborgen!
   Und deinem sterblichen Teil werde die Erde nicht schwer!

                                      (Amores, III, 9)

Liber primus

I

Divitias alius fulvo sibi congerat auro
  et teneat culti iugera multa soli,
quem labor adsiduus vicino terreat hoste,
  Martia cui somnos classica pulsa fugent:
me mea paupertas vita traducat inerti,   5
  dum meus adsiduo luceat igne focus.
ipse seram teneras maturo tempore vites
  rusticus et facili grandia poma manu,
nec spes destituat, sed frugum semper accrvos
  praebeat et pleno pinguia musta lacu.   10
nam veneror, seu stipes habet desertus in agris
  seu vetus in trivio florida serta lapis:
et quodcumque mihi pomum novus educat annus,
  libatum agricolae ponitur ante deo.
flava Ceres, tibi sit nostro de rure corona   15
  spicea, quae templi pendeat ante fores,
pomosisque ruber custos ponatur in hortis,
  terreat ut saeva falce Priapus aves.
vos quoque, felicis quondam, nunc pauperis agri
  custodes, fertis munera vestra, Lares.   20
tunc vitula innumeros lustrabat caesa iuvencos,
  nunc agna exigui est hostia parva soli.
agna cadet vobis quam circum rustica pubes
  clamet 'io messes et bona vina date.'
iam modo iam possim contentus vivere parvo   25
  nec semper longae deditus esse viae,
sed Canis aestivos ortus vitare sub umbra
  arboris ad rivos praetereuntis aquae.

DAS ERSTE BUCH

I

Reichtümer mag manch anderer häufen an funkelndem Golde,
  Mag des geackerten Lands haben, soviel er nur will,
Daß ihn beständig der Kampf mit dem feindlichen Nachbarn erschrecke,
  Daß ihm die Hörner des Kriegs dröhnend verscheuchen den Schlaf!
Mir soll bescheidene Habe zum friedsamen Leben verhelfen,
  Wenn nur im eigenen Herd ständig das Feuer mir brennt.
Selbst, zu gegebener Zeit, will ich setzen, ein Bauer, die zarten
  Reben; mit kundiger Hand zieh' ich die Äpfel mir groß:
Hoffnung verlasse mich nicht; doch soll sie in Haufen mir Früchte
  Schenken, soll mir das Faß füllen mit schäumendem Most!
Denn ich verehre sie, sei nun der einsame Stamm auf dem Acker
  Oder ein Kreuzwegstein blühend mit Kränzen behängt,
Und, wieviel mir das kommende Jahr auch Früchte beschere,
  Reichliche Spende zuerst bring' ich dem Gotte Flur.
Ceres, du blonde, dir werde von unserem Acker ein Kranz aus
  Ähren: wir hängen ihn dir auf an des Heiligtums Tür;
Aber im Obstgarten soll ein roter Priapus als Wächter
  Stehn und der Vögel Schwarm bös mit der Sichel bedrohn.
Euch auch, den Schützern des Ackers, der reich einst, heute bescheiden,
  Werden, ihr Laren, nach Brauch eure Geschenke zuteil.
Damals feite als Opfer ein Kalb unzählige Rinder;
  Jetzt entsühne ein Lamm unser bescheidenes Gut!
Fallen wird euch ein Lamm, das die ländliche Jugend umringe,
  Rufend: „Juchhe! O gebt glückliche Ernte und Wein!"
Heut schon, heute verlangt's mich, zufrieden zu leben im Kleinen,
  Nicht zu beschwerlichem Marsch immer gezwungen zu sein,
Sondern den sengenden Hundstag zu meiden unter des Baumes
  Schatten am holden Gestad' unsres enteilenden Bachs.

nec tamen interdum pudeat tenuisse bidentes
     aut stimulo tardos increpuisse boves,   30
non agnamve sinu pigeat fetumve capellae
     desertum oblita matre referre domum.
at vos exiguo pecori, furesque lupique,
     parcite: de magno est praeda petenda grege.
hic ego pastoremque meum lustrare quotannis   35
     et placidam soleo spargere lacte Palem.
adsitis, divi, neu vos e paupere mensa
     dona nec e puris spernite fictilibus.
fictilia antiquus primum sibi fecit agrestis
     pocula, de facili conposuitque luto.   40
non ego divitias patrum fructusque requiro,
     quos tulit antiquo condita messis avo:
parva seges satis est, satis est requiescere lecto
     si licet et solito membra levare toro.
quam iuvat inmites ventos audire cubantem   45
     et dominam tenero continuisse sinu
aut, gelidas hibernus aquas cum fuderit Auster,
     securum somnos imbre iuvante sequi.
hoc mihi contingat: sit dives iure, furorem
     qui maris et tristes ferre potest pluvias.   50
o quantum est auri pereat potiusque smaragdi,
     quam fleat ob nostras ulla puella vias!
te bellare decet terra, Messalla, marique,
     ut domus hostiles praeferat exuvias:
me retinent vinctum formosae vincla puellae,   55
     et sedeo duras ianitor ante fores.
non ego laudari curo, mea Delia; tecum
     dum modo sim, quaeso segnis inersque vocer.
te spectem, suprema mihi cum venerit hora,
     te teneam moriens deficiente manu.   60
flebis et arsuro positum me, Delia, lecto,
     tristibus et lacrimis oscula mixta dabis.

Schäm' ich mich doch auch nicht, zuweilen die Schafe zu hüten,
Schwinge den Treibstachel wohl, sporne den Ochsen, der säumt,
Bring' auch gern nach Hause zurück ein Lamm oder Geißlein,
Wenn es des Euters entbehrt, weil es die Mutter vergaß.
Ihr aber, Diebe und Wölfe, verschont meine wenigen Tiere!
Größere Herden gibt's: sucht eure Beute nur dort!
Jährlich bin ich gewohnt, meinen Hirten hier zu entsühnen,
Sprenge der Pales Bild an zur Befriedung mit Milch.
Steht, ihr Götter, mir bei und verschmäht vom bescheidenen Tische
Nicht die Gaben, die ich spende aus saubrem Geschirr!
Tönern machte dereinst der Landmann sich in der Vorzeit
Becher: er bildete sie leicht aus dem schmiegsamen Lehm.
Reichtum der Väter begehr' ich nicht, noch die großen Erträge,
Wie sie in früherer Zeit brachte die Erde dem Ahn.
Wenige Saat ist genug, genug, wenn zu ruhen vergönnt ist
Und im gewohnten Bett wohlig zu strecken den Leib.
Köstlich ist es, im Liegen die brausenden Winde zu hören,
Und eine Herrin dabei halten an zärtlicher Brust
Oder sich winters, wenn Sturm uns eisige Güsse herantreibt,
Sorglos vom Regengeräusch wiegen zu lassen in Schlaf.
Solches sei mir beschieden! Mit Recht sei reich, wer des Meeres
Toben und wer den Strom trostlosen Regens erträgt!
Was es an Gold und Smaragden nur gibt, es gehe zugrunde,
Eh' ein Mädchen sich härmt, weil unser Weg uns entfernt!
Dir, Messalla, geziemt der Krieg zur See und zu Lande:
Prangend zeige dein Haus, was du erbeutest vom Feind!
Mich aber halten gefesselt die Bande des lieblichen Weibes,
und vor der fühllosen Tür harr' ich als Hüter getreu.
Mich verlangt's nicht nach Ruhm, meine Delia: dürft' ich bei dir nur
Sein, ich ließe mich gern saumselig nennen und träg.
Dich will ich schauen, wenn einst meine letzte Stunde gekommen,
Dich will ich halten im Tod, wenn schon ermattet die Hand.
Weinend dann, Delia, siehst du mich aufgebahrt zum Verbrennen,
Trauernd gibst du mir dann Küsse mit Tränen gemischt.

flebis: non tua sunt duro praecordia ferro
   vincta, neque in tenero stat tibi corde silex.
illo non iuvenis poterit de funere quisquam   65
   lumina, non virgo sicca referre domum.
tu manes ne laede meos, sed parce solutis
   crinibus et teneris, Delia, parce genis.
interea, dum fata sinunt, iungamus amores:
   iam veniet tenebris Mors adoperta caput,   70
iam subrepet iners aetas nec amare decebit
   dicere nec cano blanditias capiti.
nunc levis est tractanda Venus, dum frangere postes
   non pudet et rixas inseruisse iuvat.
hic ego dux milesque bonus: vos, signa tubaeque,   75
   ite procul, cupidis vulnera ferte viris,
ferte et opes: ego conposito securus acervo
   despiciam dites despiciamque famem.

II

Adde merum vinoque novos conpesce dolores,
   occupet ut fessi lumina victa sopor,
neu quisquam multo percussum tempora baccho
   excitet, infelix dum requiescit amor.
nam posita est nostrae custodia saeva puellae,   5
   clauditur et dura ianua firma sera.
ianua difficilis domini, te verberet imber,
   te Iovis imperio fulmina missa petant.
ianua, iam pateas uni mihi, victa querelis
   neu furtim verso cardine aperta sones.   10
et mala siqua tibi dixit dementia nostra,
   ignoscas: capiti sint precor illa meo.
te meminisse decet, quae plurima voce peregi
   supplice, cum posti florida serta darem.

Weinen wirst du, da nicht dir die Härte des Eisens den Busen
    Fesselt: ist doch dein Herz zärtlich und ist nicht von Stein;
Bringt doch kein Jüngling die Augen von meinem Leichenbegängnis,
    Bringt keine Jungfrau sie doch trocken nach Hause zurück.
Kränke mir nicht meine Manen! Doch raufe dir nicht das gelöste
    Haar! Deine Augen, so zart, reiße sie blutig dir nicht!
Laß uns inzwischen, solang' es vergönnt ist, in Liebe vereint sein:
    Bald wird kommen der Tod dunkelverhüllten Gesichts.
Bald beschleicht uns das Alter; zu lieben wird nimmer erlaubt sein.
    Kosen geziemt sich nicht mehr für das ergrauende Haar.
Heut aber dienen wir Venus noch gern: eine Tür zu durchstoßen
    Scheuen wir nicht, und sogar Streit zu beginnen beglückt.
Hier bin ich Führer und guter Soldat: ihr Fahnen und Hörner,
    Bleibt mir ferne und bringt Wunden dem Mann, der sie wünscht,
Bringt ihm auch Schätze; doch ich, getrost bei gesicherter Habe,
    Achte die Reichen gering, acht' auch den Hunger gering.

II

Gieße mir ein und betäube mein neues Leid mit dem Weine,
    Daß auf die Lider der Schlaf siegend dem Müden sich senkt!
Niemand möge das Haupt, wenn Bacchus' Trank es bewältigt,
    Wecken, solange der Schmerz heilloser Liebe mir ruht!
Denn mir verwehrt eine grausame Wache, mein Mädchen zu sehen,
    Und eine fühllose Tür riegelt sie ab von der Welt.
Tür eines grämlichen Hausherrn, möge der Regen dich peitschen!
    Blitze, die Juppiters Wink schickt, sollen zucken nach dir!
Türe du! Wenigstens mir tu' dich auf! Erhör' meine Klagen!
    Öffne dich heimlich, doch so, daß deine Angel nicht knarrt!
Und was ich Böses dir sagte im Wahnsinn meiner Verliebtheit,
    Mußt du verzeihen: der Fluch treffe mein eigenes Haupt!
Denke doch freundlichst daran, wie oft ich dir flehentlich nahte
    Und an die Pfosten dir manch Blumengewinde gehängt!

tu quoque ne timide custodes, Delia, falle: 15
   audendum est, fortes adiuvat ipsa Venus.
illa favet, seu quis iuvenis nova limina temptat,
   seu reserat fixo dente puella fores;
illa docet molli furtim derepere lecto,
   illa pedem nullo ponere posse sono,   20
illa viro coram nutus conferre loquaces
   blandaque conpositis abdere verba notis.
nec docet hoc omnes, sed quos nec inertia tardat
   nec vetat obscura surgere nocte timor.
en ego cum tenebris tota vagor anxius urbe,   25
   . . . .
nec sinit occurrat quisquam, qui corpora ferro
   vulneret aut rapta praemia veste petat.
quisquis amore tenetur, eat tutusque sacerque
   qualibet: insidias non timuisse decet.
non mihi pigra nocent hibernae frigora noctis,
   non mihi, cum multa decidit imber aqua.
non labor hic laedit, reseret modo Delia postes
   et vocet ad digiti me taciturna sonum.
parcite luminibus, seu vir seu femina fiat   35
   obvia: celari volt sua furta Venus.
neu strepitu terrete pedum neu quaerite nomen
   neu prope fulgenti lumina ferte face.
siquis et inprudens adspexerit, occulat ille
   perque deos omnes se meminisse neget: 40
nam fuerit quicumque loquax, is sanguine natam,
   is Venerem e rapido sentiet esse mari.
nec tamen huic credet coniunx tuus, ut mihi verax
   pollicita est magico saga ministerio.
hanc ego de caelo ducentem sidera vidi,   45
   fluminis haec rapidi carmine vertit iter,
haec cantu finditque solum Manesque sepulcris
   elicit et tepido devocat ossa rogo:

Du auch, Delia, sei nicht so zaghaft! Täusche die Wächter!
  Wagen muß man: wer Mut zeigt, wird von Venus beglückt.
Sie ist dem Jüngling hold, der versucht, in ein Haus zu gelangen,
  Und auch dem Mädchen, das ihm schließt mit dem Nachschlüssel auf.
Lehrt uns, wie man verstohlen gleitet vom schwellenden Pfühle,
  Lehrt, wie man ohne Geräusch setze den tastenden Fuß,
Lehrt, wenn der Hausherr dabei ist, verstohlene Blicke zu tauschen
  Und in vereinbarten Wink hüllen ein zärtliches Wort.
Alle zwar lehrt sie nicht, aber den, der nicht zögert aus Trägheit
  Oder in finsterer Nacht sich zu erheben nicht scheut.
Drum, wenn ängstlich im Dunkel die ganze Stadt ich durchstreife,
  (Stärkt mir die Göttin den Mut, weil ich ihr diene getreu.)
Läßt es nicht zu, daß man mich überfällt, mit dem Dolch in den Leib mir
  Sticht, den Mantel mir raubt und seinen Loskauf erpreßt.
Wer von der Liebe geführt wird, wandle gesichert, geheiligt
  Überallhin, von der Furcht frei, daß man Fallen ihm stellt!
Mir kann lähmender Frost in den Nächten des Winters nicht schaden,
  Mir kann Regen, und gehn Ströme hernieder, nichts tun.
Nichts kann mich kränken, wenn Delia schließlich die Tür mir entriegelt,
  Hab' ich verstohlen geklopft, schweigenden Mundes mich ruft.
Spart eure Blicke, ihr Fraun oder Männer, die mir begegnen!
  All ihre Schleichwege wünscht Liebe verheimlicht zu sehn.
Schreckt sie nicht durch den Lärm eurer Tritte! Fragt nicht nach Namen!
  Kommt ihr mit Fackeln daher, leuchtet mir nicht ins Gesicht!
Doch wer mich unversehens erblickt, der mög' es verhehlen,
  Schwör' einen heiligen Eid, daß er auf nichts sich besinnt!
Denn wer da schwatzhaft ist, der wird es verspüren, daß Venus
  Einst aus dem Blute entsprang und aus dem schäumenden Meer.
Aber dein Gatte, der glaubt es ihm nicht, wie die Seherin wahrhaft
  Jüngst mir versicherte, die kundig der magischen Kunst.
Hab' ich's doch selber gesehn: sie holt die Sterne vom Himmel,
  Reißenden Flusses Gefäll wendet ihr Zaubergesang.
Spaltet sie doch durch ihr Lied den Boden, lockt aus den Gräbern
  Geister und ruft aus dem Brand noch die Gebeine hervor.

iam tenet infernas magico stridore catervas,
  iam iubet adspersas lacte referre pedem.   50
cum libet, haec tristi depellit nubila caelo,
  cum libet, aestivo convocat orbe nives.
sola tenere malas Medeae dicitur herbas,
  sola feros Hecatae perdomuisse canes.
haec mihi conposuit cantus, quis fallere posses: 55
  ter cane, ter dictis despue carminibus.
ille nihil poterit de nobis credere cuiquam,
  non sibi, si in molli viderit ipse toro.
tu tamen abstineas aliis: nam cetera cernet
  omnia, de me uno sentiet ille nihil.
quid credam? nempe haec eadem se dixit amores
  cantibus aut herbis solvere posse meos,
et me lustravit taedis, et nocte serena
  concidit ad magicos hostia pulla deos.
non ego totus abesset amor, sed mutuus esset,   65
  orabam, nec te posse carere velim.
ferreus ille fuit, qui te cum posset habere,
  maluerit praedas stultus et arma sequi.
ille licet Cilicum victas agat ante catervas,
  ponat et in capto Martia castra solo,   70
totus et argento contextus, totus et auro
  insideat celeri conspiciendus equo,
ipse boves mea si tecum modo Delia possim
  iungere et in solito pascere monte pecus,
et te, dum liceat, teneris retinere lacertis,   75
  mollis et inculta sit mihi somnus humo.
quid Tyrio recubare toro sine amore secundo
  prodest, cum fletu nox vigilanda venit?
nam neque tunc plumae nec stragula picta soporem
  nec sonitus placidae ducere posset aquae.   80
num Veneris magnae violavi numina verbo,
  et mea nunc poenas inpia lingua luit?

Jetzt beschwört sie mit magischem Murmeln der Unterwelt Scharen,
Sprengt sie mit Milch jetzt an, scheucht sie zum Orkus zurück.
Wenn's ihr beliebt, so vertreibt sie vom düsteren Himmel die Wolken;
Wenn's ihr beliebt, fällt Schnee, während der Sommer noch glüht.
Sie nur soll ja die giftigen Kräuter Medeas besitzen;
Sie nur hat, wie man sagt, Hekates Hunde gezähmt.
Sie gab diesen Gesang mir ein, dir zu helfen beim Täuschen:
Sing' ihn dreimal! Danach mußt du ihn dreimal bespein.
Dann kann Er über uns keinem mehr das geringste nur glauben,
Nicht einmal sich, wenn er uns sähe aufs Lager gestreckt.
Du aber halte von andren dich fern! Alles übrige nämlich
Wird er erspähn; über mich einzig vermutet er nichts.
Was soll ich glauben? Dieselbige sagte: sie kann meine Liebe
Lösen auch durch Gesang oder durch Kräutergebräu,
Und sie umschritt mich mit Fackeln und brachte den magischen Göttern
Auch ein schwärzliches Lamm dar in der heiteren Nacht.
Daß mich die Liebe nicht ganz verlasse, daß du sie erwiderst,
Fleht' ich und will, daß ich dich nie zu entbehren vermag.
Eisern wäre der Mann, der, wenn er dich dürfte besitzen,
Lieber in törichtem Mut folgte der Beute, dem Kampf.
Möge er nur der Kilikier Scharen besiegen, vertreiben,
Möge ein Lager erbaun auf dem eroberten Grund;
Gänzlich von Silber umhüllt, ja gänzlich von Gold überzogen
Sitz' er auf trabendem Roß, lasse vom Volk sich beschaun!
Könnt' ich nur selbst mit dir, meine Delia, schirren den Pflugstier
Und auf dem heimischen Berg hüten und weiden das Vieh,
Könnt' ich, solang' es vergönnt ist, in zärtlichen Armen dich halten,
Wäre der Schlaf mir süß, auch auf dem härtesten Grund.
Ohne erwiderte Liebe, — was nützt es, auf purpurnem Polster
Liegen zu können und so weinend durchwachen die Nacht?
Denn weder Federn und Daunen noch Decken mit kunstvollem Muster
Noch das Geplätscher des Quells brächten den Schlaf mir herbei.
Hab' ich den göttlichen Willen der mächtigen Venus beleidigt?
Büß' ich ein frevelndes Wort, das meine Zunge gesagt?

num feror incestus sedes adiisse deorum
   sertaque de sanctis deripuisse focis?
non ego, si merui, dubitem procumbere templis   85
   et dare sacratis oscula liminibus,
non ego tellurem genibus perrepere supplex
   et miserum sancto tundere poste caput.
at tu, qui laetus rides mala nostra, caveto
   mox tibi: non uni saeviet usque deus.   90
vidi ego, qui iuvenum miseros lusisset amores,
   post Veneris vinclis subdere colla senem
et sibi blanditias tremula conponere voce
   et manibus canas fingere velle comas,
stare nec ante fores puduit caraeve puellae   95
   ancillam medio detinuisse foro.
hunc puer, hunc iuvenis turba circumterit arta,
   despuit in molles et sibi quisque sinus.
at mihi parce, Venus: semper tibi dedita servit
   mens mea: quid messes uris acerba tuas?   100

III

Ibitis Aegaeas sine me, Messalla, per undas,
   o utinam memores ipse cohersque mei!
me tenet ignotis aegrum Phaeacia terris,
   abstineas avidas, Mors, modo, nigra, manus.
abstineas, Mors atra, precor: non hic mihi mater   5
   quae legat in maestos ossa perusta sinus,
non soror, Assyrios cineri quae dedat odores
   et fleat effusis ante sepulcra comis,
Delia non usquam; quae me cum mitteret urbe,
   dicitur ante omnes consuluisse deos.   10
illa sacras pueri sortes ter sustulit, illi
   rettulit e trinis omina certa puer.

Zeiht man mich, daß ich unrein Sitzen der Götter genaht bin
Oder vom heiligen Herd ihnen die Kränze geraubt?
Hätt' ich's getan, ich zögerte nicht, an den Schwellen der Tempel
Niederzusinken und bin gern sie zu küssen bereit,
Wollte, ein Flehender, kriechen auf Knieen dahin an der Erde
Und an das heilige Tor stoßen den elenden Kopf.
Du aber, der du belustigt verlachst meine Schmerzen, sei wachsam
Deinethalb: nicht gegen mich wütet nur immer der Gott.
Manchen sah ich die Qual eines liebenden Jünglings verspotten,
Der doch der Venus Gewalt tief sich gebeugt noch als Greis,
Sah ihn Geständnisse formen mit zärtlich zitternder Stimme
Und sein ergrauendes Haar pflegen mit sorglicher Hand.
Ach, und er schämte sich nicht, vor der Tür der Geliebten zu stehen,
Hielt der Gebieterin Magd an im Gewühle des Markts.
Hier umringen ihn Knabe und Jüngling im dichten Gedränge:
Jeder verächtlich spuckt sich in den Bausch des Gewands.
Mich aber, Venus, verschone! Da immer mein Sinn dir ergeben
Dient, was sengst du hinweg fühllos die eigene Saat?

III

Ohne mich wollt das Ägäische Meer ihr, Messalla, befahren?
Bleibt nur meiner gedenk, du und der Deinigen Schar!
Mich, einen Kranken, hält die fremde phäakische Erde.
Halte die gierige Hand, finsterer Tod, nur noch fern!
Halte sie, düsterer Tod, noch fern! Hier fehlt mir die Mutter,
Die mein verbranntes Gebein berge an trauernder Brust,
Fehlt auch die Schwester, der Asche assyrische Düfte zu spenden
Und mit entfesseltem Haar weinend am Grabe zu stehn.
Delia ist nicht hier, die, ehe von Rom sie mich fortließ,
Sorgend um Rat, wie man sagt, sämtliche Götter gefragt.
Dreimal zog sie des Knaben geweihte Lose; es hat ihr
Dreimal der Bursch des Befunds sichere Zeichen erklärt:

cuncta dabant reditus: tamen est deterrita numquam,
    quin fleret nostras respueretque vias.
ipse ego solator, cum iam mandata dedissem,   15
    quaerebam tardas anxius usque moras.
aut ego sum causatus aves aut omina dira,
    Saturnive sacram me tenuisse diem.
o quotiens ingressus iter mihi tristia dixi
    offensum in porta signa dedisse pedem!   20
audeat invito ne quis discedere Amore,
    aut sciat egressum se prohibente deo.
quid tua nunc Isis mihi, Delia, quid mihi prosunt
    illa tua totiens aera repulsa manu,
quidve, pie dum sacra colis, pureque lavari   25
    te — memini — et puro secubuisse toro?
nunc, dea, nunc succurre mihi — nam posse mederi
    picta docet templis multa tabella tuis —.
ut mea votivas persolvens Delia voces
    ante sacras lino tecta fores sedeat   30
bisque die resoluta comas tibi dicere laudes
    insignis turba debeat in Pharia.
at mihi contingat patrios celebrare Penates
    reddereque antiquo menstrua tura Lari.
quam bene Saturno vivebant rege, priusquam   35
    tellus in longas est patefacta vias!
nondum caeruleas pinus contempserat undas,
    effusum ventis praebueratque sinum.
nec vagus ignotis repetens conpendia terris
    presserat externa navita merce ratem.   40
illo non validus subiit iuga tempore taurus,
    non domito frenos ore momordit equus,
non domus ulla fores habuit, non fixus in agris,
    qui regeret certis finibus arva, lapis.
ipsae mella dabant quercus, ultroque ferebant   45
    obvia securis ubera lactis oves.

„Heimkehr" sagten sie alle; doch war sie nicht zu bewegen,
Daß sie nicht um meine Fahrt Tränen der Abscheu vergoß.
Um sie zu trösten, sucht' ich, obwohl schon alles bestellt war,
Selbst, von Sorge erfüllt, Gründe zu Aufschub und Frist.
Fliegende Vögel schützt' ich vor oder Zeichen des Unheils
Oder das Fest des Saturn, das mich zu warten bewog.
Mehrmals trat ich die Reise schon an; da kamen Bedenken,
Weil an der Tür sich mein Fuß stieß und ein Zeichen mir gab.
Niemand wage doch, Amor zum Trotz von dannen zu gehen,
Oder er spüre: ein Gott ist's, der die Ausfahrt versagt!
Wozu, Delia, hilft mir nun deine Isis? Die Zimbeln,
Die du so oft ihr schlugst, sage, was helfen sie mir
Und daß, solange du fromm ihr dienst, stets rein du gebadet
Und — ich erinnre mich! — rein lagest im Bett und allein?
Göttin, jetzt, komm jetzt mir zu Hilfe, — du weißt ja zu heilen,
Wie es manch Bildchen beweist, das man dir dankbar geweiht —
Daß meine Delia dann die versprochenen Lieder dir singe,
Daß sie in Linnen gehüllt sitzt vor des Heiligtums Tür,
Zweimal des Tags mit gelöstem Haar dich lobe und preise
Und vor der Priester Schar leuchtend sich tue hervor!
Mir aber sei es gegönnt, die Götter der Väter zu feiern
Und vor dem Ahnenaltar monatlich Weihrauch zu streun!
Ach, da Saturn noch herrschte, wie lebten sie glücklich, bevor die
Erde erschlossen ward, überall Straßen gebahnt!
Noch nicht hatte die Fichte der blauen Wogen gespottet,
Hatte im Winde noch nicht schwellende Segel gebläht,
Noch kein schweifender Seemann, in fernen Landen Gewinne
Raffend, sein Schiff mit der Fracht fremdester Breiten gefüllt.
Damals beugte noch nicht der gewaltige Stier sich dem Joche,
Nicht mit gebändigtem Maul biß in den Zaum noch das Pferd.
Türen hatte kein Haus; noch nicht, befestigt im Acker,
Stand, um die Grenzen der Flur sicher zu wahren, der Stein.
Eichen spendeten selbst den Honig, und freiwillig brachten
Schafe die Euter voll Milch sorglosen Sterblichen dar.

non acies, non ira fuit, non bella, nec ensem
    inmiti saevus duxerat arte faber.
nunc Iove sub domino caedes et vulnera semper,
    nunc mare, nunc leti mille repente viae.   50
parce, pater! timidum non me periuria terrent,
    non dicta in sanctos inpia verba deos.
quodsi fatales iam nunc explevimus annos,
    fac lapis inscriptis stet super ossa notis:
'hic iacet inmiti consumptus morte Tibullus,   55
    Messallam terra dum sequiturque mari.'
sed me, quod facilis tenero sum semper Amori,
    ipsa Venus campos ducet in Elysios.
hic choreae cantusque vigent, passimque vagantes
    dulce sonant tenui gutture carmen aves,   60
fert casiam non culta seges, totosque per agros
    floret odoratis terrra benigna rosis;
ac iuvenum series teneris inmixta puellis
    ludit, et adsidue proelia miscet Amor.
illic est, cuicumque rapax mors venit amanti,   65
    et gerit insigni myrtea serta coma.
at scelerata iacet sedes in nocte profunda
    abdita, quam circum flumina nigra sonant:
Tisiphoneque inpexa feros pro crinibus angues
    saevit, et huc illuc inpia turba fugit: 70
tunc niger in porta serpentum Cerberus ore
    stridet et aeratas excubat ante fores.
illic Iunonem temptare Ixionis ausi
    versantur celeri noxia membra rota,
porrectusque novem Tityos per iugera terrae   75
    adsiduas atro viscere pascit aves.
Tantalus est illic, et circum stagna, sed acrem
    iam iam poturi deserit unda sitim,
et Danai proles, Veneris quod numina laesit,
    in cava Lethaeas dolia portat aquas.   80

Heere gab es noch nicht, nicht Streit noch Kriege, und Schwerter
    Schuf kein grausamer Schmied noch mit gehässiger Kunst.
Jetzt, da Juppiter herrscht, gibt's immer Gemetzel und Wunden,
    Jetzt die Seefahrt, jetzt tausendfach drohenden Tod.
Schone mich, Vater! Es weckt kein Meineid Furcht mir und Schrecken;
    Heilige Götter hat nie frevelnd mein Mund noch geschmäht.
Drum, wenn ich jetzt die Jahre, die mir bestimmten, vollendet,
    Laß über meinem Gebein stehn einen Stein, der besagt:
„Hier ruht, unbarmherzig vom Tode getroffen, Tibullus,
    Der auf dem Meer und dem Land war dem Messalla gefolgt."
Mich aber, der ich mich stets dem zärtlichen Amor ergeben,
    Hin zur elysischen Flur leitet mich Venus dann selbst.
Da sind Gesang und Reigen in Schwang, und flatternder Vögel
    Innige Kehle ertönt immer vom süßesten Lied.
Zimt trägt ohne Bestellung die Flur; auf allen Gefilden
    Dieses gesegneten Lands duftende Rosen erblühn,
Wo der Jünglinge Schwarm, gemischt mit zärtlichen Mädchen,
    Spielt und Amor dabei ständig Gefechte besteht.
Dort sind die Liebenden alle, die jäh der Tod überfallen,
    Und auf dem lockigen Haar leuchtet von Myrte ein Kranz.
Doch in der Tiefe des Dunkels verborgen liegt des Verbrechens
    Sitz, und rings um ihn her rauschen Gewässer der Nacht.
Aber Tisiphone, Schlangen statt Haare am struppigen Haupte,
    Wütet: nach hier und nach dort flüchtet die ruchlose Schar.
Cerberus jault indes mit finsterem Maul am Gehäus der
    Nattern und hält seine Wacht spähend am ehernen Tor.
Doch der sträfliche Leib des Ixion, der es gewagt hat,
    Juno frevelnd zu nahn, büßt auf dem eilenden Rad.
Tityos, ausgestreckt, neun Hufen Landes bedeckend,
    Bietet sein Eingeweid ständig den Geiern zum Fraß.
Tantalus steht dort inmitten des Wassers, das, wenn er schon dicht am
    Trinken ist, sich dem stets brennenden Durste entzieht;
Dort ist auch Danaus' Schar, die an Venus' Gottheit gesündigt,
    Schöpfend letheïsche Flut in ein durchlöchertes Faß.

illic sit, quicumque meos violavit amores,
     optavit lentas et mihi militias.
at tu casta precor maneas, sanctique pudoris
     adsideat custos sedula semper anus.
haec tibi fabellas referat positaque lucerna   85
     deducat plena stamina longa colu,
at circa gravibus pensis adfixa puella
     paulatim somno fessa remittat opus.
tunc veniam subito, nec quisquam nuntiet ante,
     sed videar caelo missus adesse tibi.   90
tunc mihi, qualis eris, longos turbata capillos,
     obvia nudato, Delia, curre pede.
hoc precor, hunc illum nobis Aurora nitentem
     luciferum roseis candida portet equis.

IV

'Sic umbrosa tibi contingant tecta, Priape,
     ne capiti soles, ne noceantque nives:
quae tua formosos cepit sollertia? certe
     non tibi barba nitet, non tibi culta coma est,
nudus et hibernae producis frigora brumae,   5
     nudus et aestivi tempora sicca Canis'
sic ego; tum Bacchi respondit rustica proles
     armatus curva sic mihi falce deus:

Unter Tibulls Namen überliefert ist ein Priapeisches Epigramm
in drei Distichen:
Vilicus aerari quondam, nunc cultor agelli,
     Haec tibi Perspectus templa, Priape, dico.
Pro quibus officiis, si fas est, sancte, paciscor,
     Adsiduos custos ruris ut esse velis,
Improbus ut si quis nostrum violabit agellum,
     Hunc tu — sed taceo: scis, puto, quod sequitur.

Dort möge sein, wer je gegen unsere Liebe gefrevelt
Oder mir längeren Dienst unter den Waffen gewünscht!
Dich aber bitt' ich: Bewahr' dich mir rein! Als der heiligen Keuschheit
Sorgliche Hüterin sei immer die Alte dir nah!
Märchen erzähle sie dir und lasse beim Scheine der Lampe
Lange Gespinste von Garn schnurren vom Rocken herab!
Festgebannt bei reichlicher Arbeit sei die Geliebte,
Bis sie allmählich dem Schlaf müde das Werk überläßt!
Dann möcht' ich plötzlich erscheinen, von niemand vorher gemeldet:
Scheinbar vom Himmel gesandt, wünscht' ich zu stehen vor dir,
Wie du bist dann, verwirrt die langen, hängenden Haare,
Und mit entblößtem Fuß, Delia, eile herbei!
Dies ist mein Flehn: o möge die lichte Aurora uns einmal
Bringen im Rosengespann solch einen strahlenden Tag!

IV

„So wird ein schattiges Dach dein Haupt, Priapus, beschirmen,
Daß dich die Sonne nicht sengt, Schnee dich nicht schädigen kann.
Sag, welche Kunst gewann dir die hübschen Jungen? Gewiß doch
Fehlt deinem Barte der Glanz, hast du dein Haar nicht gepflegt;
Nackend setzt du dich aus den Frösten des eisigen Winters;
Nackend erträgst du die Glut dörrender Hundstage auch."
Solches sprach ich, worauf des Bacchus bäurischer Sprößling,
Sichelbewaffnet, alsbald dieses zur Antwort mir gab:

Einstens Verwalter der Kriegskasse, jetzt eines Feldchens Bebauer,
Weih' ich dir diesen Bezirk, bestens bewährter Priap.
Für diesen Liebesdienst, wenn's erlaubt ist, Heiliger, wünsch' ich,
Daß du wollest des Lands fleißiger Wächter mir sein,
Daß, wenn ein Ruchloser je sich vergreift an unserem Feldchen,
Du ihn — doch ich bin still: weißt du doch, glaub' ich, was folgt.

'o fuge te tenerae puerorum credere turbae,
    nam causam iusti semper amoris habent.   10
hic placet, angustis quod equom conpescit habenis,
    hic placidam niveo pectore pellit aquam,
hic, quia fortis adest audacia, cepit; at illi
    virgineus teneras stat pudor ante genas.
sed ne te capiant, primo si forte negabit,   15
    taedia: paulatim sub iuga colla dabit.
longa dies homini docuit parere leones,
    longa dies molli saxa peredit aqua;
annus in apricis maturat collibus uvas,
    annus agit certa lucida signa vice.   20
nec iurare time: Veneris periuria venti
    inrita per terras et freta summa ferunt.
gratia magna Iovi: vetuit pater ipse valere,
    iurasset cupide quidquid ineptus amor,
perque suas inpune sinit Dictynna sagittas   25
    adfirmes crines perque Minerva suos.
at si tardus eris, errabis: transiet aetas.
    quam cito non segnis stat remeatque dies,
quam cito purpureos deperdit terra colores,
    quam cito formosas populus alta comas!   30
quam iacet, infirmae venere ubi fata senectae,
    qui prior Eleo est carcere missus equus!
vidi iam iuvenem, premeret cum serior aetas,
    maerentem stultos praeteriisse dies.
crudeles divi! serpens novus exuit annos,   35
    formae non ullam fata dedere moram.
solis aeterna est Baccho Phoeboque iuventas,
    nam decet intonsus crinis utrumque deum.
tu, puero quodcumque tuo temptare libebit,
    cedas: obsequio plurima vincit amor.   40
neu comes ire neges, quamvis via longa paretur
    et Canis arenti torreat arva siti,

„Hüte dich ja, der zärtlichen Schar der Knaben zu trauen!
   Geben zur Liebe sie doch immer den triftigsten Grund.
Dieser gefällt, weil er stolz mit gestrafften Zügeln sein Roß lenkt;
   Dieser mit schneeweißer Brust wirft sich in wohlige Flut;
Dieser gewinnt, weil er Stärke und Kühnheit zeigt, aber jenem
   Steht auf den Wangen die Scham zärtlicher Jungfräulichkeit.
Doch es verdrieße dich nicht, wenn einer sich etwa im Anfang
   Weigert: allmählich nur beugt sich sein Nacken dem Joch.
Vieler Tage bedarf's, bis die Löwen dem Menschen gehorchen,
   Vieler Tage, damit Wasser den Felsen durchnagt.
Trauben reifen im Lauf eines Jahres auf sonnigen Hügeln;
   Sterne durchziehn in des Jahrs Lauf ihre sichere Bahn.
Scheue auch nicht zu schwören: der Liebe Meineide wehen
   Straflos über das Land und übers wogende Meer.
Dank sei Juppiter! Selbst hat der Vater verwehrt, daß es gelte,
   Was auch immer ein Tor schwört in verliebter Begier.
Straflos läßt dich Diana bei ihren Pfeilen beteuern;
   Nie ist Minerva erzürnt, nennst du ihr Haar bei dem Eid.
Doch wenn zaghaft du bist, wirst du fehlgehn: Jugend entschwindet,
   Eilends vorbei ist der Tag, zaudert nicht säumig und träg;
Eilends verblassen die leuchtenden Farben der blühenden Wiesen,
   Eilends gibt ihres Haars Zierde die Pappel dahin.
Ach, wie ermattet das Pferd, von des Alters Gebrechen befallen,
   Das auf Olympias Bahn eilte als erstes durchs Ziel!
Manchen habe ich schon, wenn das spätere Alter ihn drückte,
   Trauernd beklagen gesehn, daß er die Tage versäumt.
Grausame Götter! Verjüngt legt ab ihre Jahre die Schlange,
   Nicht ist der Schönheit jedoch Aufschub vom Schicksal gegönnt.
Bacchus und Phoebus allein ist ewige Jugend verliehen:
   Ungeschorenes Haar tragen sie beide als Schmuck.
Drum, was je deinem Knaben belieben wird zu beginnen,
   Folg' ihm! Durch Nachgiebigkeit siegt ja die Liebe zumeist.
Stets sei bereit zur Begleitung, wie weit auch immer der Weg ist,
   Ob auch Hitze das Land peinigt mit brennendem Durst,

quamvis praetexens picea ferrugine caelum
    venturam admoneat nimbifer Eurus aquam.
vel si caeruleas puppi volet ire per undas,   45
    ipse levem remo per freta pelle ratem.
nec te paeniteat duros subiisse labores
    aut opera insuetas atteruisse manus,
nec, velit insidiis altas si claudere valles,
    dum placeas, umeri retia ferre negent.   50
si volet arma, levi temptabis ludere dextra:
    saepe dabis nudum, vincat ut ille, latus.
tunc tibi mitis erit: rapias tum cara licebit
    oscula: pugnabit, sed tamen apta dabit.
rapta dabit primo, post offeret ipse roganti,   55
    post etiam collo se inplicuisse velit.
heu male nunc artes miseras haec saecula tractant:
    iam tener adsuevit munera velle puer.
at tu, qui venerem docuisti vendere primus,
    quisquis es, infelix urgeat ossa lapis.   60
Pieridas, pueri, doctos et amate poetas,
    aurea nec superent munera Pieridas.
carmine purpurea est Nisi coma: carmina ni sint,
    ex umero Pelopis non nituisset ebur.
quem referent Musae, vivet, dum robora tellus,   65
    dum caelum stellas, dum vehet amnis aquas.
at qui non audit Musas, qui vendit amorem,
    Idaeae currus ille sequatur Opis
et tercentenas erroribus expleat urbes
    et secet ad Phrygios vilia membra modos.   70
blanditiis volt esse locum Venus ipsa: querelis
    supplicibus, miseris fletibus illa favet.'
haec mihi, quae canerem Titio, deus edidit ore,
    sed Titium coniunx haec meminisse vetat.
pareat ille suae: vos me celebrate magistrum,   75
    quos male habet multa callidus arte puer.

Ob auch ein Ost pechschwarz den Himmel in Düsternis einhüllt,
    Drohend mit schwerem Gewölk kommende Güsse verheißt.
Möchte er gern im Kahn die blauen Wellen durchqueren,
    Führe das leichte Gefährt selbst mit dem Ruder durchs Meer!
Ja, es bekümmre dich nicht, die härteste Arbeit zu leisten,
    Wenn du dir auch deine Hand, die nicht geübt ist, verletzt!
Und wenn er wünscht, mit Fallen zur Jagd die Schluchten zu sperren,
    Schultre die Netze, bis daß endlich du ganz ihn gewinnst!
Wünscht er zu fechten, so hebe nur leicht, wie spielend, die Rechte:
    Daß er dich schließlich besiegt, gib eine Blöße dir oft!
Dann wird er hold dir sein, dann wirst du Küsse ihm rauben
    Dürfen: zwar wehrt er sich noch, aber er gibt sie doch gern,
Gibt dir zunächst, was du raubst, dann bietet er selbst sie auf Bitten,
    Legt dir wohl später sogar gern seinen Arm um den Hals.
Ach, welch elende Künste betreibt man in jetzigen Zeiten!
    Schon auf Geschenke zu sehn sind jetzt die Knaben gewöhnt.
Du aber, der du zuerst die Liebe verkaufen gelehrt hast,
    Wer du auch seiest, der Stein drücke dir schwer das Gebein!
Liebt, ihr Knaben, die Künste und liebt die kunstreichen Dichter!
    Zieht der musischen Kunst goldne Geschenke nicht vor!
Leuchtend im Liede lebt des Nisus Haar, und des Pelops
    Schulter hätt' ohne Lied nimmer des Elfenbeins Glanz.
Wen die Muse besingt, der lebt, wenn noch Eichen die Erde
    Trägt, noch Wasser der Fluß, Sterne das Himmelsgezelt.
Wer aber nicht auf die Musen hört, wer feilscht mit der Liebe,
    Mag der idäischen Ops Wagen begleiten hinfort,
Mag auf irrender Fahrt dreihundert Städte durcheilen,
    Schneide beim phrygischen Klang käufliche Glieder sich ab!
Venus selber erhört nur schmeichelnde Bitten, erfüllt nur
    Klagendes Flehen und ist seufzendem Sehnen nur hold." —
Dieses sollt' ich dem Titius singen, ermahnte der Gott mich.
    Aber des Titius Weib wünscht nicht, daß er es erprobt.
Mag er der Frau denn gehorchen! Ihr aber preist mich als Lehrer,
    Die ein durchtriebener Bursch ködert mit Tücke und List!

gloria cuique sua est: me, qui spernentur, amantes
    consultent: cunctis ianua nostra patet.
tempus erit, cum me Veneris praecepta ferentem
    deducat iuvenum sedula turba senem.   ɛɔ
heu heu quam Marathus lento me torquet amore!
    deficiunt artes deficiuntque doli.
parce, puer, quaeso, ne turpis fabula fiam,
    cum mea ridebunt vana magisteria.

V

Asper eram et bene discidium me ferre loquebar:
    at mihi nunc longe gloria fortis abest.
namque agor ut per plana citus sola verbere turben,
    quem celer adsueta versat ab arte puer.
ure ferum et torque, libeat ne dicere quicquam   5
    magnificum post haec: horrida verba doma.
parce tamen, per te furtivi foedera lecti,
    per venerem quaeso compositumque caput.
ille ego, cum tristi morbo defessa iaceres,
    te dicor votis eripuisse meis,   10
ipseque te circum lustravi sulphure puro,
    carmine cum magico praecinuisset anus;
ipse procuravi, ne possent saeva nocere
    somnia, ter sancta deveneranda mola;
ipse ego velatus filo tunicisque solutis   15
    vota novem Triviae nocte silente dedi.
omnia persolvi: fruitur nunc alter amore,
    et precibus felix utitur ille meis.
at mihi felicem vitam, si salva fuisses,
    fingebam demens, sed renuente deo.   20
rura colam, frugumque aderit mea Delia custos,
    area dum messes sole calente teret,

Jeglicher hat seinen Ruf: mich möge, wer liebt und verschmäht wird,
  Fragen um Rat; es steht offen für alle die Tür.
Noch wenn ich alt bin, will ich den Jünglingen Lehren der Venus
  Künden: mit eifrigem Ohr geben sie dann mir Geleit. —
Wehe, wie peinigt mich Márathus doch mit lässiger Liebe:
  Gänzlich versagt meine Kunst, gänzlich versagt auch die List.
Schone mich, Knabe, und bringe mich schimpflich nicht ins Gerede,
  Daß man mein Lehrergeschick nicht als erfolglos belacht!

V

Trotzig war ich und prahlte, ich könne die Trennung ertragen.
  Jetzt aber, ach, wie fern liegt mir die Ruhmredigkeit!
Jagt es mich doch wie den Kreisel auf ebenem Boden die Peitsche
  Dreht, die ein Knabe schwingt rasch mit gewohntem Geschick.
Brenne und foltre den Narren, damit es ihn nie mehr gelüste,
  Prahlende Rede zu tun: zähme sein üppiges Wort!
Schone gleichwohl! Ich flehe beim Bund unsrer heimlichen Liebe,
  Flehe bei Venus und bei unsrer Gemeinsamkeit Glück.
Ich war's, das ist bekannt, der, als du von Krankheit ermattet
  Lagest, durch mein Gebet dich ihrem Wüten entriß.
Ich hab' die Luft um dich her mit lauterem Schwefel gereinigt:
  Zaubergesänge zuvor stimmte die Alte dir an.
Ich nur sorgte dafür, daß dir keine quälenden Träume
  Schaden: durch Opferschrot hab' ich sie dreimal gebannt.
Ich habe selbst, mit der Binde geschmückt, im offnen Gewande
  Hekate angefleht neunmal in schweigender Nacht.
Das hab' ich alles vollbracht: jetzt freut sich ein andrer der Liebe,
  Und er genießt jetzt das Glück, das mein Gebet erst erwirkt.
Welch ein glückseliges Leben, sobald du wärest genesen,
  Malte ich Narr mir aus! Doch das verwehrte ein Gott.
Felder bestell' ich, so dacht' ich, und Delia hütet die Ernte,
  Wenn man bei sengender Glut drischt auf der Tenne das Korn;

aut mihi servabit plenis in lintribus uvas
  pressaque veloci candida musta pede;
consuescet numerare pecus, consuescet amantis   25
  garrulus in dominae ludere verna sinu.
illa deo sciet agricolae pro vitibus uvam,
  pro segete spicas, pro grege ferre dapem.
illa regat cunctos, illi sint omnia curae:
  at iuvet in tota me nihil esse domo.   30
huc veniet Messalla meus, cui dulcia poma
  Delia selectis detrahat arboribus;
et tantum venerata virum hunc sedula curet,
  huic paret atque epulas ipsa ministra gerat.
haec mihi fingebam, quae nunc Eurusque Notusque   35
  iactat odoratos vota per Armenios.
saepe ego temptavi curas depellere vino:
  at dolor in lacrimas verterat omne merum,
saepe aliam tenui: sed iam cum gaudia adirem,
  admonuit dominae deseruitque Venus.   40
tunc me discedens devotum femina dixit —
  a pudet — et narrat scire nefanda meam.
non facit hoc verbis, facie tenerisque lacertis
  devovet et flavis nostra puella comis.
talis ad Haemonium Nereis Pelea quondam   45
  vecta est frenato caerula pisce Thetis.
haec nocuere mihi, quod adest huic dives amator,
  venit in exitium callida lena meum.
sanguineas edat illa dapes atque ore cruento
  tristia cum multo pocula felle bibat;   50
hanc volitent animae circum sua fata querentes
  semper et e tectis strix violenta canat;
ipsa fame stimulante furens herbasque sepulcris
  quaerat et a saevis ossa relicta lupis,
currat et inguinibus nudis ululetque per urbes,   55
  post agat e triviis aspera turba canum.

Oder sie wird in geräumigen Körben die Trauben bewahren,
  Bergen den schäumenden Most, hurtig mit Füßen gepreßt.
Täglich zählt sie das Vieh, und gerne gewöhnt sich des Knechtes
  Plapperndes Kind an das Spiel auf der Gebieterin Schoß.
Kundig bringt sie dem Gotte der Bauern für Reben die Traube,
  Schmaus für die Herde dar, Ähren für fruchtbare Saat.
Allen gebietet sie dann und trägt auch Sorge für alles,
  Und mich vergnügt's, wenn im Haus nirgend mein Wille mehr gilt.
Dann besucht mein Messalla mich hier, und Delia nimmt die
  Köstlichsten Äpfel für ihn ab vom erlesensten Baum.
Ja, sie verehrt diesen großen Mann und umsorgt ihn mit Eifer,
  Rüstet ihm selber das Mahl, trägt es als Dienerin auf.
All dies malt' ich mir aus, was nun als vereitelte Wünsche
  Ost- oder Südwind fegt bis nach Armenien hin.
Oft schon hab' ich versucht, den Kummer mit Wein zu vertreiben:
  Alles jedoch, was ich trank, wandelt in Tränen der Schmerz.
Oft eine andre umarmt' ich; doch eh' ich noch Freuden gekostet,
  Mahnt mich Venus an Sie, ließ das Gelüst mir vergehn.
Dann, im Hinweggehn, meinte das Weib, ich sei wohl verzaubert,
  Und — welche Schande! — erzählt, Ruchloses treibe mein Lieb.
Nicht durch Sprüche tut es mein Mädchen: durch zärtliche Arme
  Zaubert sie, durch ihr Gesicht oder ihr goldenes Haar.
So ist Nereus' Tochter dereinst dem Peleus erschienen:
  Thetis, die schimmernde, kam auf dem gebändigten Fisch.
Das ist mein Schade gewesen: es kam ein reicher Verehrer,
  Kam zu meinem Verderb schlau eine Kupplerin gar.
Blutige Speisen möge sie essen, mit blutigem Gaumen
  Schlürfe sie bitteren Trank, reichlich mit Galle gemischt!
Mögen sie Geister umschweben, beklagend, was einst sie erlitten,
  Und von dem Dache herab heule die Eule dazu!
Selber von Hunger gequält, soll sie wütend auf Gräbern nach Kräutern
  Suchen, nach bleichem Gebein, welches die Wölfe verschmähn!
Schamlos entblößt soll sie laufen und wimmern durch Städte und Dörfer!
  Möge sie Hundegekläff hetzen die Straße entlang!

eveniet: dat signa deus; sunt numina amanti,
    saevit et iniusta lege relicta Venus.
at tu quam primum sagae praecepta rapacis
    desere: nam donis vincitur omnis amor.   60
pauper erit praesto semper, te pauper adibit
    primus et in tenero fixus erit latere,
pauper in angusto fidus comes agmine turbae
    subicietque manus efficietque viam,
pauper ad occultos furtim deducet amicos   65
    vinclaque de niveo detrahet ipse pede.
heu canimus frustra, nec verbis victa patescit
    ianua, sed plena est percutienda manu.
at tu, qui potior nunc es, mea fata timeto:
    versatur celeri Fors levis orbe rotae.   70
non frustra quidam iam nunc in limine perstat
    sedulus et crebro prospicit ac refugit,
et simulat transire domum, mox deinde recurrit
    solus et ante ipsas excreat usque fores.
nescio quid furtivus amor parat. utere quaeso,   75
    dum licet: in liquida nat tibi linter aqua.

VI

Semper, ut inducar, blandos offers mihi voltus,
    post tamen es misero tristis et asper, Amor.
quid tibi saevitiae mecum est? an gloria magna est
    insidias homini conposuisse deum?
nam mihi tenduntur casses: iam Delia furtim   5
    nescio quem tacita callida nocte fovet.
illa quidem tam multa negat, sed credere durum est:
    sic etiam de me pernegat usque viro.
ipse miser docui, quo posset ludere pacto
    custodes: heu heu nunc premor arte mea.   10

So wird's geschehn: der Gott gibt Zeichen. Dem Liebenden hilft die
  Gottheit, und Venus ist streng, wo man verletzt ihr Gebot.
Du aber meide die Lehren der gierigen Vettel nur schleunigst!
  Wisse: Geschenken erliegt jegliche Liebe gar bald.
Stets ist der Arme zur Hand; der Arme wird immer zuerst dir
  Nahen und, wo du auch gehst, zärtlich zur Seite dir sein.
Treulich geleitet der Arme im dichten Gedränge des Volks dich,
  Bietet zur Stütze den Arm, bahnt deinem Fuße den Weg.
Heimlich wird zu verborgenen Freunden der Arme dich führen,
  Und von dem schneeweißen Fuß löst er dir selber das Band.
Ach, ich singe umsonst: nicht Worten öffnet die Tür sich,
  Nein, es bedarf der Gewalt: nur mit den Fäusten gelingt's.
Du aber, der jetzt bevorzugt wird, befürchte mein Schicksal!
  Eilends drehn sich im Kreis weiter die Räder des Glücks.
Nicht umsonst steht jetzt schon ein andrer und harrt an der Schwelle:
  Häufig kommt er, zu spähn, zieht sich beflissen zurück,
Tut so, als ging' er nach Hause und kommt gleich wieder gelaufen,
  Wartet allein vor der Tür, räuspert sich, daß man ihn hört.
Was die diebische Liebe noch vorhat, ich weiß nicht: genieße,
  Was sie dir gönnt! Deinen Kahn wiegt die bewegliche Flut.

VI

Immer, um mich zu verführen, erscheinst du mit lockenden Mienen,
  Dann aber bist du nur hart, Amor, und grausam zu mir.
Warum wütest du so gegen mich? Sag! Ist es denn ruhmvoll,
  Daß du, ein Gott, mit List mich, einen Menschen umgarnst?
Denn mir sind Netze gestellt: Schon hegt meine Delia heimlich
  In der verschwiegenen Nacht listig wer weiß wen bei sich.
Sie zwar bestreitet es ganz entschieden; doch schwer ist's zu glauben;
  Denn sie verleugnet mich so immer ja auch ihrem Mann.
Leider belehrt' ich sie selbst, wodurch sie die Wächter betrügen
  Könne, ach, ach, und jetzt straft mich die eigene List!

fingere nunc didicit causas, ut sola cubaret,
　　cardine nunc tacito vertere posse fores,
tum sucos herbasque dedi, quis livor abiret,
　　quem facit inpresso mutua dente venus.
at tu, fallacis coniunx incaute puellae,　　　　　　　　15
　　me quoque servato, peccet ut illa nihil.
neu iuvenes celebret multo sermone, caveto,
　　neve cubet laxo pectus aperta sinu,
neu te decipiat nutu, digitoque liquorem
　　ne trahat et mensae ducat in orbe notas.　　　　　　20
exibit quam saepe, time, seu visere dicet
　　sacra Bonae maribus non adeunda Deae.
at mihi si credas, illam sequar unus ad aras:
　　tunc mihi non oculis sit timuisse meis.
saepe, velut gemmas eius signumque probarem,　　　　25
　　per causam memini me tetigisse manum;
saepe mero somnum peperi tibi, at ipse bibebam
　　sobria subposita pocula victor aqua.
non ego te laesi prudens: ignosce fatenti,
　　iussit Amor: contra quis ferat arma deos?　　　　　30
ille ego sum, nec me iam dicere vera pudebit,
　　instabat tota cui tua nocte canis.
quid tenera tibi coniuge opus? tua si bona nescis
　　servare, frustra clavis inest foribus.
te tenet, absentes alios suspirat amores　　　　　　　35
　　et simulat subito condoluisse caput.
at mihi servandam credas: non saeva recuso
　　verbera, detrecto non ego vincla pedum.
tum procul absitis, quisquis colit arte capillos,
　　et fluit effuso cui toga laxa sinu,　　　　　　　　40
quisquis et occuret, ne possit crimen habere,
　　stet procul aut alia † stet procul † ante via,
sic fieri iubet ipse deus, sic magna sacerdos
　　est mihi divino vaticinata sono.

Jetzt hat sie Gründe erfinden gelernt, alleine zu schlafen,
  Jetzt die Türe zu drehn so daß die Angel nicht knarrt.
Damals gab ich ihr Säfte und Kräuter, die Spur zu verwischen,
  Die von dem Drucke des Zahns bleibt, wo man Küsse getauscht.
Du aber, unvorsichtiger Gatte des heuchelnden Weibes,
  Nimm denn auch mich nun in Schutz: laß sie nichts Schlimmes begehn!
Wachsam sei, daß sie nicht im Geschwätz mit Jünglingen schön tut,
  Oder im losen Gewand liege mit offener Brust,
Daß sie mit Blicken dich nicht hintergeht, nicht den Finger ins Weinglas
  Taucht, auf des Tisches Rand treulose Zeichen zu ziehn!
Geht sie oft aus, so sei auf der Hut, und wenn sie auch vorgibt,
  Daß sie zu Bonas Altar will, der für Männer gesperrt.
Wenn du mir trautest, so ging' ich allein ihr nach zu den Tempeln:
  Nicht für mein Augenlicht dann braucht' ich in Sorge zu sein. —
Oft, wenn ich ihre Juwelen, den Ring mit dem Siegel beschaute,
  War's mir ein Anlaß, ich weiß, zart zu berühren die Hand.
Öfters bereitet' ich dir einen Schlaftrank, selbst aber nahm ich
  Wasser mir heimlich und blieb nüchtern und Sieger beim Trunk.
Vorsätzlich kränkt' ich dich nicht: verzeihe! Ich bin ja geständig.
  Amor befahl es: wer kann Göttern sich stellen zum Kampf?
Der bin ich auch, schon schäm' ich mich nicht mehr, die Wahrheit zu sa-
  Dem eine Nacht hindurch galt deiner Hündin Gebell.   [gen,
Wozu nützt dir ein junges Weib? Wenn du deinen Besitz nicht
  Hüten kannst, hat die Tür Riegel vergebens und Schloß.
Hält sie im Arm dich, schmachtet sie doch nach dem andren, entfernten;
  Plötzlich, das schützt sie vor, wird sie von Kopfweh geplagt.
Meiner Obhut vertraue sie an: ich scheue nicht harte
  Schläge, ich sträube mich nicht Fesseln zu tragen am Fuß.
Dann aber bleibe mir fern, wer künstliche Locken sich wickelt,
  Wem sich in üppigem Bausch locker die Toga ergießt!
Wer mir begegnet, der halte, um nicht verdächtig zu werden,
  Abstand oder er geh' gleich einen anderen Weg!
Daß es so werde, befiehlt die Gottheit selber: die große
  Priesterin tat es mir so kund durch geheiligten Spruch.

haec ubi Bellonae motu est agitata, nec acrem   45
   flammam, non amens verbera torta timet;
ipsa bipenne suos caedit violenta lacertos
   sanguineque effuso spargit inulta deam,
statque latus praefixa veru, stat saucia pectus,
   et canit eventus, quos dea magna monet: 50
'parcite, quam custodit Amor, violare puellam,
   ne pigeat magno post didicisse malo.
adtigeris, labentur opes, ut volnere nostro
   sanguis, ut hic ventis diripiturque cinis.'
et tibi nescio quas dixit, mea Delia, poenas: 55
   si tamen admittas, sit precor illa levis.
non ego te propter parco tibi, sed tua mater
   me movet atque iras aurea vincit anus.
haec mihi te adducit tenebris multoque timore
   coniungit nostras clam taciturna manus,   60
haec foribusque manet noctu me adfixa proculque
   cognoscit strepitus me veniente pedum.
vive diu mihi, dulcis anus: proprios ego tecum,
   sit modo fas, annos contribuisse velim.
te semper natamque tuam te propter amabo: 65
   quidquid agit, sanguis est tamen illa tuos.
sit modo casta, doce, quamvis non vitta ligatos
   impediat crines nec stola longa pedes.
et mihi sint durae leges, laudare nec ullam
   possim ego, quin oculos adpetat illa meos,   70
et siquid peccasse putet, ducarque capillis
   inmerito pronas proripiarque vias.
non ego te pulsare velim, sed, venerit iste
   si furor, optarim non habuisse manus:
nec saevo sis casta metu, sed mente fideli;   75
   mutuus absenti te mihi servet amor.
at, quae fida fuit nulli, post victa senecta
   ducit inops tremula stamina torta manu

Diese, sobald von Bellonas Gewalt sie ergriffen ist, fürchtet
  Rasend die sengende Glut nicht, noch der Geißelung Schmerz;
Selber schlägt mit der Axt sie wütend die eigenen Arme,
  Läßt dann ihr fließendes Blut straflos die Göttin besprühn,
Steht, einen Speer in die Seite gebohrt, an der Brust eine Wunde,
  Steht und verkündet den Spruch, wie es die Göttin befiehlt:
„Nehmt euch in acht, ein Weib, das Amor behütet, zu kränken,
  Daß es euch später nicht reut, wenn ihr mit Schmerzen es lernt!
Rührst du sie an, so schwindet die Kraft dir, wie hier aus der Wunde
  Blut mir fließt, wie der Wind eilig die Asche verweht."
Dir auch, Delia, drohte sie Strafe; ich weiß nicht mehr welche.
  Dennoch, verdienst du sie auch, bitt' ich, sie sei nicht zu hart.
Deinetwegen schon' ich dich nicht; allein deine Mutter
  Ist es, die goldene Frau, die mir besänftigt den Zorn.
Sie hat in quälender Sorge zu dir mich geleitet im Dunkeln,
  Hat dann verschwiegen und still unsere Hände vereint.
Sie harrt aus an der Türe geduldig bei Nacht, und von ferne
  Kennt sie mich, komm' ich daher, schon am Geräusch meines Schritts.
Lebe mir lange, du freundliche Alte! Die eigenen Jahre
  Legt' ich, ging' es nur an, gerne den deinigen zu.
Dich werd' ich allzeit lieben und deinethalb deine Tochter:
  Was sie auch tue, sie ist immer doch Blut deines Bluts.
Keusch nur lehre sie sein, wenn auch keine Binde das Haar ihr
  Rafft und das lange Gewand nicht ihre Füße verbirgt.
Mir aber sei es ein strenges Gesetz, keine andre zu loben,
  Wenn ich nicht will, daß sie mir zornig die Augen zerkratzt.
Und wenn sie meint, ich hätte gesündigt, soll sie am Haar mich
  Raufen, und unverdient gehe es abwärts mit mir!
Nie will ich schlagen nach dir; aber wenn mich noch einmal dies Toben
  Ankommt, wünschte ich mir, gleich ohne Hände zu sein.
Nicht aus Furcht sollst du keusch sein, sondern aus treuer Gesinnung;
  Liebe bewahre dich, auch wenn ich entfernt bin, für mich!
Die aber keinem treu war, wird, wenn das Alter sie beugte,
  Hilflos mit zitternder Hand ziehen vom Rocken das Garn,

firmaque conductis adnectit licia telis
  tractaque de niveo vellere ducta putat.   80
hanc animo gaudente vident iuvenumque catervae
  conmemorant merito tot mala ferre senem,
hanc Venus ex alto flentem sublimis Olympo
  spectat et, infidis quam sit acerba, monet.
haec aliis maledicta cadant: nos, Delia, amoris   85
  exemplum cana simus uterque coma.

VII

Hunc cecinere diem Parcae fatalia nentes
  stamina, non ulli dissoluenda deo;
hunc fore, Aquitanas posset qui fundere gentes,
  quem tremeret forti milite victus Atax.
evenere: novos pubes Romana triumphos   5
  vidit et evinctos bracchia capta duces:
at te victrices lauros, Messalla, gerentem
  portabat nitidis currus eburnus equis.
non sine me est tibi partus honos: Tarbella Pyrene
  testis et Oceani litora Santonici,   10
testis Arar Rhodanusque celer magnusque Garunna,
  Carnutis et flavi caerula lympha Liger.
an te, Cydne, canam, tacitis qui leniter undis
  caeruleus placidis per vada serpis aquis,
quantus et aetherio contingens vertice nubes   15
  frigidus intonsos Taurus alat Cilicas?
quid referam, ut volitet crebras intacta per urbes
  alba Palaestino sancta columba Syro,
utque maris vastum prospectet turribus aequor
  prima ratem ventis credere docta Tyros,   20
qualis et, arentes cum findit Sirius agros,
  fertilis aestiva Nilus abundet aqua?

Knüpft an gereihte Stäbe die festen Fäden des Flachses,
  Bildet sich ein, ihr Gespinst komme vom schneeigen Vlies.
Jüngere Leute sehn sie belustigten Sinnes und reden:
  All dieses Ungemach habe die Alte verdient.
Ja, auf die Weinende blickt vom hohen Olymp die erhabne
  Venus und weist darauf hin, wie sie die Treulosen straft.
Andere treffe solch Leid: wir seien ein Beispiel der Liebe,
  Delia, treulich vereint noch im ergrauenden Haar!

VII

Dieser Tag, so sangen die Parzen, spinnend des Schicksals
  Fäden, die auch ein Gott nicht zu zerreißen vermag,
Dieser bewirkt es, daß einst Aquitaniens Stämme sich beugen,
  Daß einem tapferen Heer zitternd der Atax erliegt.
Und so geschah es: das Volk von Rom sah neue Triumphe,
  Feindliche Führer, besiegt und mit gefesseltem Arm.
Dich, mit dem Lorbeer des Sieges gekrönt, im Elfenbeinwagen
  Trug, Messalla, dahin leuchtender Schimmel Gespann.
Nicht ohne mich errangst du die Ehre: Tarbella Pyrene
  Ist mein Zeuge, der Strand, den der Santone bewohnt,
Arar und Rhodanus auch und die eilende, große Garumna,
  Blonder Carnuten Strom, Liger, mit blauendem Naß.
Oder besing' ich dich, Cydnus, der sanft mit schweigsamen Wellen
  Bläulich in friedlicher Flut zieht zwischen Furten dahin,
Oder auch ihn, dessen Scheitel zum Äther sich reckt, zu den Wolken,
  Taurus, den frostigen, der wilde Kilikier nährt,
Oder die Taube, die heilig dem palästinischen Syrer,
  Wie sie ohne Gefahr wimmelnde Städte durchfliegt,
Wie auf die weiten Fluten des Meeres schaut mit den Türmen
  Tyros, das Schiffe zuerst lernte den Stürmen vertraun,
Oder wie, wenn der Sirius spaltet das dorrende Erdreich,
  Fruchtbar im Sommer der Nil strömt voll erquickender Flut? —

Nile pater quanam possim te dicere causa
    aut quibus in terris occuluisse caput?
te propter nullos tellus tua postulat imbres,   25
    arida nec pluvio supplicat herba Iovi.
te canit atque suum pubes miratur Osirim
    barbara, Memphiten plangere docta bovem.
primus aratra manu sollerti fecit Osiris
    et teneram ferro sollicitavit humum,   30
primus inexpertae conmisit semina terrae
    pomaque non notis legit ab arboribus.
hic docuit teneram palis adiungere vitem,
    hic viridem dura caedere falce comam;
illi iucundos primum matura sapores   35
    expressa incultis uva dedit pedibus.
ille liquor docuit voces inflectere cantu,
    movit et ab certos nescia membra modos,
Bacchus et agricolae magno confecta labore
    pectora tristitiae dissoluenda dedit.   40
Bacchus et adflictis requiem mortalibus adfert,
    crura licet dura compede pulsa sonent.
non tibi sunt tristes curae nec luctus, Osiri,
    sed chorus et cantus et levis aptus amor,
sed varii flores et frons redimita corymbis,   45
    fusa sed ad teneros lutea palla pedes
et Tyriae vestes et dulcis tibia cantu
    et levis occultis conscia cista sacris.
huc ades et Genium ludis Geniumque choreis
    concelebra et multo tempora funde mero: 50
illius et nitido stillent unguenta capillo,
    et capite et collo mollia serta gerat.
sic venias hodierne: tibi dem turis honores,
    liba et Mopsopio dulcia mella feram.
at tibi succrescat proles, quae facta parentis   55
    augeat et circa stet veneranda senem.

Vater Nil, o vermöcht' ich zu sagen, aus welcherlei Gründen
   Oder in welchem Gebiet du deinen Ursprung verbirgst!
Dir verdankt es dein Land, daß es nicht nach Regen zu schmachten
   Braucht, kein vertrocknendes Kraut Juppiters Güsse erfleht.
Dich besingt dein Barbarenvolk, und seinem Osiris
   Zollt es Bewundrung und klagt um den memphitischen Stier.
Baute doch Pflüge zuerst die kunstreiche Hand des Osiris,
   Wühlte das krumige Land auf mit dem Eisengerät,
Senkte in unerprobte Erde als erster den Samen,
   Früchte, noch keinem bekannt, nahm von den Bäumen er ab.
Er hat gelehrt, die Rebe, die zarte, an Pfähle zu binden,
   Wuchernde Triebe beschnitt er mit dem Messer zuerst.
Ihm hat zuerst die reifende Traube, gekeltert von Füßen,
   Die es soeben gelernt, köstliche Säfte geschenkt.
Solches Getränk hat gelehrt, durch Gesang die Stimmen zu läutern,
   Lehrte, die Glieder, noch steif, schmiegen und biegen im Takt.
Wenn sich die Seele des Bauern in mancherlei Mühen erschöpft hat,
   Schenkt ihm Bacchus die Kraft, daß seine Trübsal sich löst:
Bacchus bringt dem betrübten Herzen des Sterblichen Ruhe,
   Selbst wenn den Schenkel die hart klirrende Fessel ihm hemmt.
Dir gebühren nicht Trauer und lastende Sorgen, Osiris,
   Sondern der Reigen, das Lied, Liebe, gefällig und leicht,
Sondern die farbigen Blumen, die efeuumwundene Stirne,
   Dir auch ein goldnes Gewand, das bis zum Fuße dir wogt,
Purpurne Kleider aus Tyros und süßes Flötengetöne
   Und, im verschwiegenen Korb, heilig geheimes Gerät.
Komm nun und feire mit Spielen den Geist dieses Tages, mit Reigen
   Feire den Genius heut, netze die Stirnen mit Wein!
Lass' auf das schimmernde Haar ihm träufeln duftendes Salböl,
   Schmiegsames Blumengewind trag' er am Haupt und am Hals!
So sollst heut du erscheinen: ich streue dir ehrenden Weihrauch,
   Biete dir Kuchen, den uns Attikas Honig gesüßt. —
Dir aber mög' ein Geschlecht erblühn, das die Taten des Vaters
   Mehre und, ehrwürdig selbst, dich, wenn du alterst, umringt!

nec taceat monumenta viae, quem Tuscula tellus
  candidaque antiquo detinet Alba lare.
namque opibus congesta tuis hic glarea dura
  sternitur, hic apta iungitur arte silex.   60
te canit agricola, magna cum venerit Urbe
  serus inoffensum rettuleritque pedem.
at tu, Natalis multos celebrande per annos,
  candidior semper candidiorque veni.

VIII

Non ego celari possum, quid nutus amantis
  quidve ferant miti lenia verba sono.
nec mihi sunt sortes nec conscia fibra deorum,
  praecinit eventus nec mihi cantus avis:
ipsa Venus magico religatum bracchia nodo   5
  perdocuit multis non sine verberibus.
desine dissimulare; deus crudelius urit,
  quos videt invitos subcubuisse sibi.
quid tibi nunc molles prodest coluisse capillos
  saepeque mutatas disposuisse comas,   10
quid fuco splendente genas ornare, quid ungues
  artificis docta subsecuisse manu?
frustra iam vestes, frustra mutantur amictus,
  ansaque conpressos conligat arta pedes.
illa placet, quamvis inculto venerit ore   15
  nec nitidum tarda compserit arte caput.
num te carminibus, num te pallentibus herbis
  devovit tacito tempore noctis anus?
cantus vicinis fruges traducit ab agris,
  cantus et iratae detinet anguis iter,   20
cantus et e curru Lunam deducere temptat
  et faceret, si non aera repulsa sonent.

Ja nicht verschweige den Bau der Straße, wer Tusculums Erde
  Oder am uralten Herd Alba, das helle, bewohnt!
Ließest doch festen Kies du streuen aus eigenen Mitteln,
  Ließest auf kunstreiche Art fügen den Stein an den Stein.
Drum singt Lob dir der Bauer, der spät aus der riesigen Stadt noch
  Kommt und bringt seinen Fuß ohne Verletzung nach Haus.
Du aber, Tag der Geburt, lass' noch viele Jahre dich feiern:
  Immer strahlender und strahlender steige herauf!

VIII

Mir kann man nicht verheimlichen, was eines Liebenden Blinzeln,
  Was ein in zärtlichem Ton schmachtendes Wort offenbart.
Weder das Los noch der Opferbefund verheißen mir Freude;
  Auch keines Vogels Ruf läßt mich noch hoffen auf Glück.
Venus hat selbst meine Arme mit Zauberknoten gebunden,
  Hat mich recht gründlich belehrt, Hiebe mir reichlich versetzt.
Gib die Verstellung nur auf! Der Gott läßt grausamer brennen
  Den, der sich gutwillig nicht seinem Gebot unterwirft.
Wozu nützt es dir nun, daß du sorglich die Locken gepflegt hast
  Und in veränderte Form oft deine Haare gebracht,
Daß du die Wangen mit glänzendem Rot geschminkt hast? Was hilft es,
  Daß eine kundige Hand kunstvoll die Nägel dir stutzt?
Zwecklos ist es, mit Kleidern und zwecklos mit Mänteln zu wechseln.
  Enger zu schnallen die Schuh', daß es die Füße dir drückt.
Jene gefällt, wenn sie kommt, auch ohne die Lippen zu schminken,
  Ohne daß sie ihr Haar flicht mit behutsamer Kunst.
Hat dich mit Zaubergesang, hat gar mit verfärbenden Kräutern
  Tief in der schweigenden Nacht dich eine Alte behext?
Zaubergesang vertreibt von den Feldern des Nachbarn die Früchte,
  Zaubergesang verbannt wütender Schlangen Gefahr,
Zaubergesang versucht, des Mondes Bahn zu verändern,
  Und es gelänge, wenn nicht ehern die Zimbel erkläng',

quid queror heu misero carmen nocuisse, quid herbas?
　forma nihil magicis utitur auxiliis:
sed corpus tetigisse nocet, sed longa dedisse   25
　oscula, sed femori conseruisse femur.
nec tu difficilis puero tamen esse memento:
　persequitur poenis tristia facta Venus.
munera ne poscas: det munera canus amator,
　ut foveat molli frigida membra sinu.   30
carior est auro iuvenis, cui levia fulgent
　ora nec amplexus aspera barba terit.
huic tu candentes umero subpone lacertos,
　et regum magnae despiciantur opes.
at Venus invenit puero concumbere furtim   35
　dum timet et teneros conserit usque sinus,
et dare anhelanti pugnantibus umida linguis
　oscula et in collo figere dente notas.
non lapis hanc gemmaeque iuvant, quae frigore sola
　dormiat et nulli sit cupienda viro.   40
heu sero revocatur amor seroque iuventas,
　cum vetus infecit cana senecta caput.
tum studium formae est: coma tum mutatur, ut annos
　dissimulet viridi cortice tincta nucis,
tollere tum cura est albos a stirpe capillos   45
　et faciem dempta pelle referre novam.
at tu, dum primi floret tibi temporis aetas,
　utere: non tardo labitur illa pede.
neu Marathum torque: puero quae gloria victo est?
　in veteres esto dura, puella, senes.   50
parce precor tenero: non illi sontica causa est,
　sed nimius luto corpora tingit amor.
vel miser absenti maestas quam saepe querelas
　conicit, et lacrimis omnia plena madent!
'quid me spernis?' ait. 'poterat custodia vinci: 55
　ipse dedit cupidis fallere posse deus.

Ach, was klag' ich, daß Lieder dem Ärmsten geschadet und Kräuter?
  Schönheit bedient sich der Macht magischer Hilfsmittel nicht.
Aber daß dich ihr Leib berührt, das schadet, und daß sie
  Lange Küsse dir gibt, Schenkel an Schenkel gedrängt.
Dennoch sei drauf bedacht, daß du es dem Jungen nicht schwer machst!
  Lieblos Verhalten verfolgt Venus mit strafendem Zorn.
Fordre Geschenke nicht! Die gebe ein buhlender Graukopf,
  Daß er den frierenden Leib wärme an schwellender Brust!
Edler als Gold ist ein Jüngling mit glatten, glänzenden Wangen,
  Der nicht mit stachligem Bart bei der Umarmung dich kratzt.
Lege du ihm deine schimmernden Arme getrost um die Schultern!
  Was bedeuten dir dann Schätze von Königen noch?
Venus hat dich gelehrt, mit dem Jüngling heimlich zu kosen,
  Der, noch bange, die Brust schmiegt an die zärtliche Brust,
Lehrt dich, dem Lechzenden feuchte Küsse im Kampfe der Zungen
  Geben und ihm in den Hals prägen die Male des Zahns.
Der sind Steine und Perlen nicht nutz, die in einsamer Kühle
  Schläft und nie einem Mann Liebesbegierde erweckt.
Oft, ach, ruft man zu spät nach der Liebe, zu spät nach der Jugend,
  Wenn uns das Alter des Haupts Haare mit Grau überzieht.
Dann wird die Schönheit Kunst: das Haar soll die Jahre verhehlen,
  Saft aus der Schale der Nuß färbt das verblichene braun.
Ja, man beseitigt sogar ein weißes Haar mit der Wurzel,
  Schält seines Angesichts Haut, daß es erneuert erscheint.
Du aber nütze die Zeit deiner ersten Jugend, solange
  Dir sie noch blüht: sie enteilt nicht mit behutsamem Schritt.
Quäle mir Márathus nicht! Einen Knaben besiegen ist ruhmlos:
  Gegen die Alten sei hart, Mädchen! Verlache den Greis!
Schone den Zarten jedoch! Kein schleichendes Leiden verzehrt ihn:
  Heftiger Liebe Glut hat ihm die Wangen verfärbt.
Ach, der Ärmste! Wie oft ergießt er sich trauernd in Klagen,
  Wenn du entfernt bist! Wie wird alles von Tränen benetzt!
,Was verschmähst du mich?' ruft er. ,Ich könnte die Wächter betrügen:
  Lehrt einen Liebenden doch selber der Gott, wie man täuscht.

nota venus furtiva mihi est, ut lenis agatur
  spiritus, ut nec dent oscula rapta sonum,
et possum media quamvis obrepere nocte
  et strepitu nullo clam reserare fores.   60
quid prosunt artes, miserum si spernit amantem
  et fugit ex ipso saeva puella toro?
vel cum promittit, subito sed perfida fallit,
  est mihi nox multis evigilanda malis.
dum mihi venturam fingo, quodcumque movetur,   65
  illius credo tunc sonuisse pedes.'
desistas lacrimare, puer: non frangitur illa,
  et tua iam fletu lumina fessa tument.
oderunt, Pholoe, moneo, fastidia divi,
  nec prodest sanctis tura dedisse focis.   70
hic Marathus quondam miseros ludebat amantes
  nescius ultorem post caput esse deum;
saepe etiam lacrimas fertur risisse dolentis
  et cupidum ficta detinuisse mora:
nunc omnes odit fastus, nunc displicet illi   75
  quaecumque opposita est ianua dura sera.
at te poena manet, ni desinis esse superba.
  quam cupies votis hunc revocare diem!

IX

Quid mihi, si fueras miseros laesurus amores,
  foedera per divos, clam violanda, dabas?
a miser, et siquis primo periuria celat,
  sera tamen tacitis Poena venit pedibus.
parcite, caelestes: aequum est inpune licere   5
  numina formosis laedere vestra semel.
lucra petens habili tauros adiungit aratro
  et durum terrae rusticus urget opus,

Heimliche Liebesgewährung versteh' ich und wie man den Atem
    Anhält oder sich küßt ohne den leisesten Laut.
Ja, ich weiß inmitten der Nacht verstohlen zu schleichen,
    Hab' auch gelernt eine Tür aufriegeln ohne Geräusch.
Aber was nützt solche Kunst, wenn das Mädchen den armen Verehrer
    Herzlos verschmäht und sich schnöd seiner Umarmung entzieht?
Wenn sie mir alles verspricht, dann aber plötzlich ihr Wort bricht,
    Muß ich, von Kummer gequält, einsam durchwachen die Nacht.
Mal' ich ihr Kommen mir aus und höre nur etwas sich regen,
    Gleich bin ich fest überzeugt, daß ich sie schreiten gehört.' —
Junge, nun weine nicht länger! Du wirst sie niemals erweichen,
    Und durch dein Weinen geschwächt, schwellen die Augen dir schon.
Pholoë, höre mein Warnen! Die Götter hassen den Hochmut,
    Und du entzündest umsonst Weihrauch auf ihrem Altar.
Glücklos Liebende hat einst Marathus selber verspottet,
    Ohne zu ahnen, daß ihm rächend schon nahe der Gott.
Oft auch hat er, so heißt es, verlacht die Tränen der Sehnsucht,
    Oft mit erfundenem Grund hielt er Begehrende hin.
Jetzt ist jeglicher Stolz ihm verhaßt, und höchlich mißfällt ihm
    Jegliche Tür, die sich ihm grausam durch Riegel versperrt.
Dich aber treffe die Strafe, wenn du beharrst auf dem Stolze!
    Flehentlich wünschest du dir einst diese Zeit noch zurück.

IX

„Warum, wenn du mein unglücklich Herz zu kränken gedachtest,
    Schwurst du bei Göttern den Eid, den du zu brechen nicht scheust?
Ach, Unseliger, wenn man zuerst auch verhehlt seinen Treubruch,
    Spät und mit lautlosem Schritt kommt doch die Strafe herbei.
Schont ihn, ihr Himmlischen! Ist es doch billig, daß ihr den Schönen
    Einmal im Leben verzeiht, wenn sie nicht tun, was ihr wünscht.
Weil er Gewinn sucht, spannt der Bauer den Stier an die Pflugschar:
    Mühsam und hart ist das Werk, das er am Acker vollbringt.

lucra petituras freta per parentia ventis
   ducunt instabiles sidera certa rates: 10
muneribus meus est captus puer, at deus illa
   in cinerem et liquidas munera vertat aquas.
iam mihi persolvet poenas, pulvisque decorem
   detrahet et ventis horrida facta coma;
uretur facies, urentur sole capilli,   15
   deteret invalidos et via longa pedes.
admonui quotiens 'auro ne pollue formam:
   saepe solent auro multa subesse mala.
divitiis captus siquis violavit amorem,
   asperaque est illi difficilisque Venus.   20
ure meum potius flamma caput et pete ferro
   corpus et intorto verbere terga seca.
nec tibi celandi spes sit peccare paranti:
   est deus, occultos qui vetat esse dolos.
ipse deus tacito permisit lene ministro,   25
   ederet ut multo libera verba mero;
ipse deus somno domitos emittere vocem
   iussit et invitos facta tegenda loqui.'
haec ego dicebam: nunc me flevisse loquentem,
   nunc pudet ad teneros procubuisse pedes.   30
tunc mihi iurabas nullo te divitis auri
   pondere, non gemmis, vendere velle fidem,
non tibi si pretium Campania terra daretur,
   non tibi si, Bacchi cura, Falernus ager.
illis eriperes verbis mihi sidera caeli   35
   lucere et puras fulminis esse vias.
quin etiam flebas: at non ego fallere doctus
   tergebam umentes credulus usque genas.
quid faciam, nisi et ipse fores in amore puellae?
   sed precor exemplo sit levis illa tuo.   40
o quotiens, verbis ne quisquam conscius esset,
   ipse comes multa lumina nocte tuli!

Daß es Gewinn erringe, geführt von den sichren Gestirnen,
  Zieht manch wankendes Schiff über die stürmische See:
So ist mein Knabe betört durch Geschenke, doch möge in Asche
  Diese Geschenke ein Gott wandeln, in flüssige Flut!
Bald aber wird er mir büßen: der Staub wird seiner Erscheinung
  Abtrag tun, und sein Haar wird von den Winden zerrauft;
Sonne wird sein Gesicht verbrennen, die Haare verbrennen,
  Und bei der Länge des Wegs läuft er die Füße sich wund.
Vielmals hab' ich gemahnt: „Beflecke mit Gold nicht die Schönheit!
  Oft ist unter dem Gold vielerlei Unheil versteckt.
Wer, durch den Glanz des Reichtums betört, die Liebe geschändet,
  Dem wird Venus hinfort streng ihre Gnade entziehn.
Senge mir lieber das Haupt mit der Flamme, bedrohe mit Eisen
  Mich, mit der Geißel Geflecht peitsche den Rücken mir wund!
Wenn du zu sündigen denkst, so hoffe nur nicht, es zu hehlen!
  Lebt doch ein Gott, der bringt Treulosigkeiten ans Licht.
Selbst hat der Gott in Gnaden dem schweigsamen Diener gestattet,
  Daß er, vom Weine berauscht, plauderte offen und frei.
Selbst hat der Gott dem Schlafumfangenen Stimme verliehen:
  Ohne zu wollen, sodann schwatzt er Geheimnisse aus." —
Solches sagt' ich und schäme mich jetzt, daß ich weinte beim Sprechen,
  Schäme mich, daß ich auf Knien lag vor dem zierlichen Fuß.
Damals schwurest du mir, dich keinem, der reich, zu verkaufen,
  Nicht um Goldes Gewicht, auch nicht für Perlen und Schmuck,
Nicht wenn man dir als Preis ein Gut in Kampanien schenke
  Oder, von Bacchus betreut, gar ein Falernergefild.
Auf dein Wort hin hätt' ich bezweifelt, daß Sterne am Himmel
  Leuchten oder der Blitz feurige Wege sich bahnt.
Ja, du weintest sogar, ich aber, des Trugs nicht gewärtig,
  Trocknete gutgläubig viel rinnende Tränen dir ab.
Ach, was tät' ich wohl, wärst du nicht selbst einem Mädchen verfallen?
  Aber das wünsche ich dir: flatterhaft sei sie wie du!
Wievielmal, daß kein Fremder vertrauliche Worte belausche,
  Trug als Begleiter bei Nacht selbst ich die Fackel euch vor!

saepe insperanti venit tibi munere nostro
  et latuit clausas post adoperta fores.
tum miser interii stulte confisus amari: 45
  nam poteram ad laqueos cautior esse tuos.
quin etiam adtonita laudes tibi mente canebam,
  et me nunc nostri Pieridumque pudet.
illa velim rapida Volcanus carmina flamma
  torreat et liquida deleat amnis aqua.   50
tu procul hinc absis, cui formam vendere cura est
  et pretium plena grande referre manu.
at te, qui puerum donis corrumpere es ausus,
  rideat adsiduis uxor inulta dolis,
et cum furtivo iuvenem lassaverit usu,   55
  tecum interposita languida veste cubet.
semper sint externa tuo vestigia lecto,
  et pateat cupidis semper aperta domus;
nec lasciva soror dicatur plura bibisse
  pocula vel plures emeruisse viros.   60
illam saepe ferunt convivia ducere Baccho,
  dum rota Luciferi provocet orta diem.
illa nulla queat melius consumere noctem
  aut operum varias disposuisse vices.
at tua perdidicit, nec tu, stultissime, sentis,   65
  cum tibi non solita corpus ab arte movet.
tune putas illam pro te disponere crines
  aut tenues denso pectere dente comas?
ista haec persuadet facies, auroque lacertos
  vinciat et Tyrio prodeat apta sinu?   70
non tibi, sed iuveni cuidam volt bella videri,
  devoveat pro quo remque domumque tuam.
nec facit hoc vitio, sed corpora foeda podagra
  et senis amplexus culta puella fugit.
huic tamen adcubuit noster puer: hunc ego credam   75
  cum trucibus venerem iungere posse feris.

Oft, wenn du es nicht hofftest, erschien sie, weil ich sie gebeten,
  Und am verschlossenen Tor harrte sie heimlich, verhüllt.
Elend so ging ich zugrund, weil ich töricht vertraut deiner Liebe;
  Konnt' ich mit Vorsicht mich doch leicht deinen Schlingen entziehn.
Loblieder hab' ich sogar mit verzücktem Sinn dir gesungen:
  Jetzt muß ich leider mich sehr schämen für mich und die Kunst.
Wollte Vulcanus doch mit verzehrender Flamme die Lieder
  Tilgen, oder ein Strom spüle sie eilends hinweg!
Hebe du weit dich hinweg, den es treibt, zu verkaufen die Schönheit
  Und einen reichen Gewinn eilig zu tragen nach Haus!
Dir aber, der einen Jüngling durch Gaben gewagt zu verderben,
  Biete dein Weib den Hohn ständig erneuten Betrugs!
Erst wenn in heimlichem Umgang sie ihren Buhlen erschlafft hat,
  Liege im Schlafrock sie matt und verdrossen bei dir!
Immer möge dein Bett von fremden Spuren entstellt sein!
  Lüsternen Gästen sei immer geöffnet dein Haus!
Selbst deine üppige Schwester, so sage man, habe den Becher
  Häufiger nicht geleert, öfter nicht Männer bedient!
Wird von ihr doch erzählt, wie oft die Gelage sie ausdehnt,
  Bis mit dem steigenden Rad Lucifers dämmert der Tag.
Besser als sie kann keine genießen die nächtlichen Stunden,
  Keine so wandlungsreich schwelgen in Lust und Genuß.
Gründlich erlernt' es die Deinige, du aber, Dummkopf, bemerkst nicht,
  Wie sie die Glieder im Tanz regt mit erstaunlicher Kunst.
Glaubst du, daß sie für dich so sorgsam pflegt ihre Löckchen
  Oder ihr spärliches Haar strählt mit dem Zahne des Kamms?
Daß sie deinem Gesichte zuliebe den goldenen Armschmuck
  Trägt und das Purpurgewand wirkungsvoll legt um die Brust?
Dir nicht, einem gewissen Verehrer will schön sie erscheinen:
  Mag sie verprassen mit ihm all deine Habe, dein Haus!
Nicht aus Schlechtigkeit tut sie's; doch eines Greises Umarmung
  Und seinen gichtischen Leib scheut der Geschmack dieser Frau.
Diesem ergab sich mein Junge: von ihm vermöcht' ich zu glauben,
  Daß er mit wildem Getier gar sich in Wollust vereint.

blanditiasne meas aliis tu vendere es ausus?
     tune aliis demens oscula ferre mea?
tum flebis, cum me vinctum puer alter habebit
     et geret in regno regna superba tuo.   80
at tua tum me poena iuvet, Venerique merenti
     fixa notet casus aurea palma meos:
'hanc tibi fallaci resolutus amore Tibullus
     dedicat et grata sis, dea, mente rogat.'

X

Quis fuit, horrendos primus qui protulit enses?
     quam ferus et vere ferreus ille fuit!
tum caedes hominum generi, tum proelia nata,
     tum brevior dirae mortis aperta via est.
an nihil ille miser meruit, nos ad mala nostra   5
     vertimus, in saevas quod dedit ille feras?
divitis hoc vitium est auri, nec bella fuerunt,
     faginus adstabat cum scyphus ante dapes.
non arces, non vallus erat, somnumque petebat
     securus varias dux gregis inter oves.   10
tunc mihi vita foret, vulgi nec tristia nossem
     arma nec audissem corde micante tubam:
nunc ad bella trahor, et iam quis forsitan hostis
     haesura in nostro tela gerit latere.
sed patrii servate Lares: aluistis et idem,   15
     cursarem vestros cum tener ante pedes.
neu pudeat prisco vos esse e stipite factos:
     sic veteris sedes incoluistis avi.
tum melius tenuere fidem, cum paupere cultu
     stabat in exigua ligneus aede deus.   20
hic placatus erat, seu quis libaverat uva,
     seu dederat sanctae spicea serta comae,

Hast du nicht Zärtlichkeiten, die mein sind, andren verhandelt?
  Küsse, die mein sind, schenkst, Narr, du an andere weg?
Weinen wirst du, wenn bald ein anderer Junge mich fesselt
  Und, wo du herrschtest, mit Stolz übt seine Herrschergewalt.
Dann aber soll deine Strafe mich freuen, und Venus zu Ehren
  Künde der goldene Schild, den ich ihr opfere, dies:
„Diesen weiht dir, erlöst von betrügender Liebe, Tibullus;
  Dich aber fleht er an, Göttin: Sei gnädig gesinnt!"

X

Wer war der erste, der einst die entsetzlichen Schwerter erfunden?
  Ach, wie roh war er doch, wahrlich von eiserner Art!
Damals begann das Gemetzel der Menschheit, begannen die Schlachten;
  Damals wurden dem Tod kürzere Wege gebahnt.
Oder verschuldet' er nichts und kehrten nur wir es zu unsrem
  Unheil, was er ersann gegen das wilde Getier?
Das ist der Fluch des lockenden Goldes: es gab keine Kriege
  Als noch der Becher von Holz stand bei dem einfachen Mahl.
Burgen und Schanzen gab es noch nicht, und inmitten der Herde
  Scheckiger Schafe getrost legte sich schlafen der Hirt.
Hätt' ich damals gelebt, so wüßt' ich nichts von des Heeres
  Waffen, vernähme auch nicht bebenden Herzens das Horn.
Jetzt aber zwingt man zum Krieg mich: es trägt vielleicht schon die Lanze
  Irgendein Feind, die mir bald tödlich die Flanke durchbohrt.
Aber, ihr heimischen Laren, beschützt mich! Ihr habt mich behütet,
  Als ich, ein Kind noch und zart, euch vor den Füßen getollt.
Schämt euch auch nicht, daß ihr nur aus altem Holze gemacht seid:
  Habt ihr dem Urahn so doch schon den Wohnsitz gehegt.
Damals hielten sie besser die Treue, als hölzern der Gott noch
  Stand im niedrigen Haus, schlichte Verehrung genoß.
Dieser ward milde gestimmt, wenn einer die Traube ihm darbot
  Oder den Ährenkranz legte ums heilige Haar

atque aliquis voti compos liba ipse ferebat
postque comes purum filia parva favum.
at nobis aerata, Lares, depellite tela,   25

. . . .

. . . .

hostiaque e plena rustica porcus hara.
hanc pura cum veste sequar myrtoque canistra
vincta geram, myrto vinctus et ipse caput.
sic placeam vobis: alius sit fortis in armis,
sternat et adversos Marte favente duces,   30
ut mihi potanti possit sua dicere facta
miles et in mensa pingere castra mero.
quis furor est atram bellis accersere mortem?
inminet et tacito clam venit illa pede.
non seges est infra, non vinea culta, sed audax   35
Cerberus et Stygiae navita turpis aquae:
illic perscissisque genis ustoque capillo
errat ad obscuros pallida turba lacus.
quam potius laudandus hic est, quem prole parata
occupat in parva pigra senecta casa!   40
ipse suas sectatur oves, at filius agnos,
et calidam fesso conparat uxor aquam.
sic ego sim, liceatque caput candescere canis,
temporis et prisci facta referre senem.
interea pax arva colat, pax candida primum   45
duxit araturos sub iuga curva boves,
pax aluit vites et sucos condidit uvae,
funderet ut nato testa paterna merum,
pace bidens vomerque nitent — at tristia duri
militis in tenebris occupat arma situs. —   50
rusticus e lucoque vehit, male sobrius ipse,
uxorem plaustro progeniemque domum.
sed Veneris tum bella calent, scissosque capillos
femina perfractas conqueriturque fores.

Oder wenn der, dem ein Wunsch sich erfüllte, Kuchen ihm brachte
Und wenn sein Töchterchen drauf lauteren Honig ihm bot.
Mir aber, Laren, haltet die ehernen Pfeile vom Leibe:

. . . .

. . . .

Aus dem gefüllten Stall wird euch ein Ferkel geweiht;
Mit ihm komm' ich in reinem Gewand und ein myrthenumwundnes
Körbchen tragend: mein Haupt selbst sei mit Myrthen geschmückt!
So will ich euch gefallen: ein andrer sei tapfer in Waffen,
Daß er, wenn Mars es vergönnt, feindliche Führer bezwingt,.
Daß mir der Krieger beim Trunk hernach seine Taten berichten
Kann und des Lagers Plan malen mit Wein auf den Tisch.
Welch ein Wahnsinn, den finsteren Tod durch Kriege zu rufen!
Droht er doch so schon und naht heimlich mit lautlosem Schritt.
Drunten steht keine Saat uns, kein Weinberg, steht der verwegne
Cerberus nur und der Styx gräßlicher Fährmann bevor.
Dort mit zerrissenen Wangen, versengtem Haar zu den dunklen
Fluten tastet die Schar schattenhaft fahl sich dahin.
Wieviel mehr ist der Mann zu preisen, der Kinder heranzieht,
Den im bescheidenen Heim langsam das Alter ergreift!
Selber begleitet er gern seine Schafe, der Sohn seine Lämmer,
Und dem Ermüdeten wärmt Wasser zum Bad seine Frau.
So möcht' ich leben; dann mag mir des Haar des Hauptes ergrauen,
Und es erzähle der Greis gern aus vergangener Zeit!
Friede segne inzwischen die Flur! Der heitere Friede
Spannte zuerst ja ins Joch Rinder, zu pflügen das Feld,
Frieden ernährte die Reben und trieb in die Traube die Säfte,
Daß aus das Vaters Gefäß Wein noch genösse der Sohn.
Hacke und Pflug erglänzen im Frieden; des harten Soldaten
Traurige Waffen befällt fressend im Dunkel der Rost.
Und aus dem Haine dann fährt der Landmann, nicht mehr ganz nüchtern,
Selber im Wagen sein Weib samt seinen Kindern nach Haus.
Dann entbrennen die Kämpfe der Liebe; die Gattin beklagt sich,
Daß er das Haar ihr zerzaust, daß er die Türe erbricht,

flet teneras subtusa genas, sed victor et ipse   55
    flet sibi dementes tam valuisse manus.
at lascivus Amor rixae mala verba ministrat,
    inter et iratum lentus utrumque sedet.
a, lapis est ferrumque, suam quicumque puellam
    verberat: e caelo deripit ille deos.   60
sit satis e membris tenuem rescindere vestem,
    sit satis ornatus dissoluisse comae,
sit lacrimas movisse satis: quater ille beatus,
    quo tenera irato flere puella potest.
sed manibus qui saevus erit, scutumque sudemque   65
    is gerat et miti sit procul a Venere.
at nobis, Pax alma, veni spicamque teneto,
    perfluat et pomis candidus ante sinus.

Weint, daß er schlug ihre Wangen, die zarten, doch selber der Sieger
   Weint, daß ohne Verstand solches die Hände vollbracht.
Amor, der lockere, leiht den Zankenden schmähende Worte:
   Haben die zwei sich erzürnt, sitzt er gelassen dabei.
Ach, von Eisen und Stein ist der Mann, der seine Geliebte
   Schlägt: aus himmlischen Höhn reißt er die Götter herab.
Sei's ihm genug, das dünne Gewand ihr vom Leibe zu reißen!
   Ihr zu zerreißen des Haars schmückende Tracht sei genug!
Sei ihm Tränen zu wecken genug! O, viermal glückselig
   Ist, wem ein zärtliches Weib Zürnen mit Tränen vergilt!
Doch wer tobend die Hände erhebt, der möge nur Waffen
   Tragen: von Venus' Huld halte er immer sich fern!
Uns aber komm du, nährender Friede, beschenk' uns mit Ähren!
   Lass' aus dem lichten Gewand strömen die Fülle der Frucht!

Liber secundus

I

Quisquis adest, faveat: fruges lustramus et agros,
  ritus ut a prisco traditus extat avo.
Bacche, veni, dulcisque tuis e cornibus uva
  pendeat, et spicis tempora cinge, Ceres.
luce sacra requiescat humus, requiescat arator,   5
  et grave suspenso vomere cesset opus.
solvite vincla iugis: nunc ad praesepia debent
  plena coronato stare boves capite.
omnia sint operata deo: non audeat ulla
  lanificam pensis inposuisse manum.   10
vos quoque abesse procul iubeo, discedat ab aris.
  cui tulit hesterna gaudia nocte Venus.
casta placent superis: pura cum veste venite
  et manibus puris sumite fontis aquam.
cernite, fulgentes ut eat sacer agnus ad aras   15
  vinctaque post olea candida turba comas.
di patrii, purgamus agros, purgamus agrestes:
  vos mala de nostris pellite limitibus,
neu seges eludat messem fallacibus herbis,
  neu timeat celeres tardior agna lupos.   20
tunc nitidus plenis confisus rusticus agris
  ingeret ardenti grandia ligna foco,
turbaque vernarum, saturi bona signa coloni.
  ludet et ex virgis extruet ante casas.
eventura precor: viden ut felicibus extis   25
  significet placidos nuntia fibra deos?
nunc mihi fumosos veteris proferte Falernos
  consulis et Chio solvite vincla cado.

DAS ZWEITE BUCH

I

Schweige ein jeder ringsum! Wir weihen die Früchte und Felder,
Wie seit des frühesten Ahns Zeit überliefert der Brauch.
Bacchus, komm! Und es hange von deinen Hörnern die süße
Traube! Den Ährenkranz winde dir, Ceres, ums Haupt!
Ruhe im heiligen Lichte der Boden und ruhe der Pflüger!
Stehe die Pflugschar still! Ende das mühsame Werk!
Nehmt von den Tieren das Joch! Heut müssen an reichlich gefüllter
Krippe die Ochsen stehn, nicht ohne Kränze ums Haupt.
Alles opfre dem Gott! Es wage keine der Mägde
Heute zu spinnen ihr Garn! Rührt mir die Wolle nicht an!
Euch auch befehl' ich, fern zu bleiben von den Altären,
Die in vergangener Nacht Venus mit Freuden beschenkt.
Göttern gefällt das Keusche; so kommt in sauberem Kleide
Und mit gereinigter Hand schöpfet das Wasser vom Quell!
Seht: das geweihte Lamm geht hin zum Altare, der lodert,
Und mit dem Ölzweig im Haar folgt ihm die festliche Schar. --
Heimische Götter, wir säubern die Äcker, entsühnen die Bauern:
Haltet von unserer Flur alles Verderbliche fern!
Laßt nicht den Acker der Ernte spotten durch tückisches Unkraut!
Laßt nicht den wütenden Wolf schrecken das zaghafte Lamm!
Strahlend wird dann der Landmann den üppigen Feldern vertrauen,
Mächtige Klötze von Holz tragen zum flammenden Herd,
Und des Gesindes Kinderschar, ein Zeichen des Wohlstands,
Spielt und errichtet sich froh Hüttchen aus grünem Gezweig.
Gutes Gelingen erbitt' ich: seht, wie mit glücklicher Weisung
Göttliche Gnade und Gunst kündet der Opferbefund!
Tisch mir Falerner Wein jetzt auf von dem staubigen alten
Jahrgang! Vom Chier Krug löset mir jetzt den Verschluß!

vina diem celebrent: non festa luce madere
    est rubor, errantes et male ferre pedes.   30
sed 'bene Messallam' sua quisque ad pocula dicat,
    nomen et absentis singula verba sonent.
gentis Aquitanae celeber Messalla triumphis
    et magna intonsis gloria victor avis,
huc ades adspiraque mihi, dum carmine nostro   35
    redditur agricolis gratia caelitibus.
rura cano rurisque deos: his vita magistris
    desuevit querna pellere glande famem,
illi conpositis primum docuere tigillis
    exiguam viridi fronde operire domum,   40
illi etiam tauros primi docuisse feruntur
    servitium et plaustro subposuisse rotam.
tum victus abiere feri, tum consita pomus,
    tum bibit inriguas fertilis hortus aquas,
aurea tum pressos pedibus dedit uva liquores   45
    mixtaque securo est sobria lympha mero.
rura ferunt messes, calidi cum sideris aestu
    deponit flavas annua terra comas.
rure levis verno flores apis ingerit alveo,
    conpleat ut dulci sedula melle favos.   50
agricola adsiduo primum satiatus aratro
    cantavit certo rustica verba pede
et satur arenti primus est modulatus avena
    carmen, ut ornatos diceret ante deos,
agricola et minio subfusus, Bacche, rubenti   55
    primus inexperta duxit ab arte choros.
huic datus a pleno, memorabile munus, ovili
    dux pecoris † hircus auxerat hircus oves.
rure puer verno primum de flore coronam
    fecit et antiquis inposuit Laribus.   60
rure etiam teneris curam exhibitura puellis
    molle gerit tergo lucida vellus ovis.

Wein verschöne den Tag! Bei solch einem Feste berauscht sein,
 Schreiten auf schwankendem Fuß unsicher, ist keine Schmach.
Und „auf Messallas Wohl" soll jeder rufen beim Trinken:
 Ist uns der Tapfere fern, klinge sein Name doch fort!
Ja, Messalla, berühmt durch die aquitanischen Siege,
 Dessen Triumph zum Stolz bärtigen Ahnen gereicht,
Sei unter uns und begeistere mich, solang' unsres Liedes
 Dank zu den Himmlischen steigt, die unsre Äcker beschützt!
Fluren besing' ich und Götter der Flur: durch ihre Belehrung
 Wurden die Menschen der Kost magerer Eicheln entwöhnt.
Sie als erste haben gezeigt, wie man Balken verbindet,
 Wie man in grünendes Laub hüllt das bescheidene Haus.
Sie auch, sagt man, zwangen zuerst die Stiere zum Dienste,
 Haben als erste das Rad unter den Karren gelegt
Wildgewachsenes aß man nicht mehr: man pfropfte die Bäume,
 Führte den fruchtbaren Quell über die Gärten seither.
Seither beut die mit Füßen gekelterte Traube den Saft uns,
 Trinkt man, mit Wasser gemischt, sorgenvertreibenden Wein.
Ernten tragen die Fluren: im Glühen der brennenden Sonne
 Bietet uns Jahr um Jahr Erde ihr goldenes Haar.
Honig bringt die beschwingte Biene vom Frühlingsgefilde
 Heim, und mit süßem Seim werden die Waben gefüllt.
Als sich der Bauer zum ersten Male durch Pflügen gesättigt,
 Stimmt' er im sicheren Takt ländliche Lieder euch an,
Spielte der Satte Gesänge zum ersten Mal auf dem trocknen
 Rohr und sang vor dem Gott sie, dessen Bild er geschmückt.
Bacchus, und dir hat ein Landmann, gefärbt mit rötender Mennig,
 Reigen zuerst getanzt ohne geläufige Kunst.
Diesem ward aus dem vollen Stall eine stattliche Gabe,
 Ward ein Widder zuteil, Mehrer der Herde und Haupt.
Kränze aus ländlichen Blumen hat ein Knabe geflochten,
 Ziert' als erster damit ältester Hausgötter Bild.
Ja, auf dem Lande, den lieblichen Mädchen Mühe zu machen,
 Trägt auf dem Rücken das Schaf leuchtend sein wolliges Fell.

hinc et femineus labor est, hinc pensa colusque,
    fusus et adposito pollice versat opus:
atque aliqua adsidue textrix operata Minervam   65
    cantat, et adplauso tela sonat latere.
ipse quoque inter agros interque armenta Cupido
    natus et indomitas dicitur inter equas.
illic indocto primum se exercuit arcu:
    ei mihi, quam doctas nunc habet ille manus!   70
nec pecudes, velut ante, petit: fixisse puellas
    gestit et audaces perdomuisse viros.
hic iuveni detraxit opes, hic dicere iussit
    limen ad iratae verba pudenda senem;
hoc duce custodes furtim transgressa iacentes   75
    ad iuvenem tenebris sola puella venit
et pedibus praetemptat iter suspensa timore,
    explorat caecas cui manus ante vias.
a miseri, quos hic graviter deus urget, at ille
    felix, cui placidus leniter adflat Amor.   80
sancte, veni dapibus festis, sed pone sagittas
    et procul ardentes hinc precor abde faces.
vos celebrem cantate deum pecorique vocate
    voce: palam pecori, clam sibi quisque vocet,
aut etiam sibi quisque palam: nam turba iocosa   85
    obstrepit et Phrygio tibia curva sono.
ludite: iam Nox iungit equos, currumque sequuntur
    matris lascivo sidera fulva choro,
postque venit tacitus furvis circumdatus alis
    Somnus et incerto Somnia nigra pede.   90

II

Dicamus bona verba: venit Natalis ad aras:
    quisquis ades, lingua, vir mulierque, fave.

Das gibt Arbeit für Frauen, das gibt zu spinnen vom Rocken,
    Und wenn der Daumen drückt, dreht sich die Spindel und schnurrt.
Manch eine Weberin singt bei emsiger Arbeit Minervas
    Lob, und der Webstuhl dröhnt, klappert und schüttert im Takt.
Zwischen den Äckern und Herden ist auch Cupido geboren:
    Stuten, die noch nicht gezähmt waren, umsprangen ihn wild.
Unkundig übt' er sich dort zum ersten Mal mit dem Bogen:
    Ach, wie erfahren und wie sicher ist jetzt seine Hand!
Tiere nicht sucht er sich aus wie vormals: Mädchen zu treffen,
    Männer, wie trotzig sie sind, bändigen, ist sein Begehr.
All seiner Habe entblößt er den Jüngling; er läßt an der Schwelle
    Einer Erzürnten den Greis reden manch schamloses Wort.
Führt er, so schreitet das Mädchen über die schlummernden Wächter
    Heimlich hinweg und naht nachts ihrem Jüngling allein,
Tastet den Weg dahin mit den Füßen, in Ängsten vergehend,
    Greift mit den Händen den Pfad, sucht ihn, als wäre sie blind.
O die Armen, die hart dieser Gott bedrängt! Aber selig
    Der, dem mit sanfterem Hauch Amor Erfüllung gewährt!
Heiliger, komm zum festlichen Mahl! Aber lege die Pfeile
    Weg, und der Fackeln Brand schaffe, ich bitte dich, fort!
Ihr aber singt dem gefeierten Gott und ruft ihn zur Herde,
    Öffentlich ruft ihn zum Vieh, heimlich ein jeder zu sich
Oder auch laut ein jeder zu sich! Denn die jubelnde Menge
    Lärmt, die gekrümmte Schalmei flötet im phrygischen Ton.
Spielt! Schon schirrt ihre Pferde die Nacht, und dem Wagen der Mutter
    Geben in freudigem Chor goldne Gestirne Geleit.
Dann aber naht mit Schweigen, von schwarzen Schwingen getragen,
    Schlaf, und auf schwankendem Fuß schattenhaft naht uns der Traum.

II

Bringen wir Glückwünsche dar! Dein Geburtsgeist naht dem Altare:
    Schweige in Ehrfurcht still Mann oder Weib, wer da kommt!

urantur pia tura facis, urantur odores,
    quos tener e terra divite mittit Arabs.
ipse suos Genius adsit visurus honores,   5
    cui decorent sanctas mollia serta comas.
illius puro destillent tempora nardo,
    atque satur libo sit madeatque mero,
adnuat et, Cornute, tibi quodcumque rogabis.
    en age, quid cessas? adnuit ille: roga.   10
auguror, uxoris fidos optabis amores:
    iam reor hoc ipsos edidicisse, deos.
nec tibi malueris, totum quaecumque per orbem
    fortis arat valido rusticus arva bove,
nec tibi, gemmarum quidquid felicibus Indis   15
    nascitur, Eoi qua maris unda rubet.
vota cadunt: utinam strepitantibus advolet alis
    flavaque coniugio vincula portet Amor,
vincula, quae maneant semper, dum tarda senectus
    inducat rugas inficiatque comas.   20
hic veniat Natalis avis prolemque ministret,
    ludat et ante tuos turba novella pedes.

III

Rura meam, Cornute, tenent villaeque puellam:
    ferreus est, heu heu, quisquis in urbe manet.
ipsa Venus latos iam nunc migravit in agros,
    verbaque aratoris rustica discit Amor.
o ego, cum adspicerem dominam, quam fortiter illic   5
    versarem valido pingue bidente solum
agricolaeque modo curvum sectarer aratrum,
    dum subigunt steriles arva serenda boves,
nec quererer, quod sol graciles exureret artus,
    laederet et teneras pussula rupta manus.   10

Fromm werde Weihrauch verbrannt, Duftkräuter mögen verbrennen,
    Wie sie aus fruchtbarem Land freundlich der Araber schickt!
Dann sei der Genius selbst dabei, zu sehn die Verehrung!
    Lasset den schmiegsamen Kranz schmücken sein heiliges Haar!
    Laßt die Schläfen ihm träufen und glänzen von lauterer Narde!
    Kuchen sättige ihn! Labt ihn mit köstlichem Wein!
Was du von ihm auch erflehst, Cornutus, er mög' es gewähren!
    Auf denn! Was zögerst du noch? Flehe! Schon neigt er sich dir.
Ja, ich ahne: du wünschst einer Gattin treuliche Liebe.
    Dies ist den Göttern ja selbst, glaub' ich, schon lange bekannt.
Lieber wären dir nicht Gefilde rings auf der Erde
    Und daß ein Bauer sie dir pflügt mit gewaltigem Stier,
Lieber die Fülle der Perlen nicht, die den glücklichen Indern
    Zuwächst, wo sich die Flut rötet des östlichsten Meers.
Dir ist's gewährt: nun schwebe mit rauschenden Schwingen auch Amor
    Nieder und bringe herbei Bande der Ehe von Gold,
Bande, die bleiben für immer, bis spät und langsam das Alter
    Runzeln dir zieht im Gesicht und deine Haare verfärbt!
Komme zum Großvater noch der Genius, schenke dir Enkel,
    Daß vor den Füßen dir einst spielt eine muntere Schar!

III

Ackergefilde, Cornutus, und Landhaus halten mein Mädchen:
    Wehe, von Eisen muß sein, wer da noch weilt in der Stadt.
Venus ist selbst schon jetzt in die Weite der Fluren gewandert:
    Bäurische Reden erlernt Amor vom Mann hinterm Pflug.
Ich, o könnt' ich die Herrin erblicken, wie wollt' ich mit Eifer
    Dort mit dem kräftigen Karst wenden den fruchtbaren Grund!
Fleißig wollt' ich der Pflugschar folgen, ganz wie ein Landmann,
    wenn sie, mit Ochsen bespannt, lockert die Scholle zur Saat,
Klagte nicht, daß mir die Sonne die schlanken Glieder verbrenne
    Oder die zärtliche Hand werde von Blasen entstellt.

pavit et Admeti tauros formosus Apollo,
    nec cithara intonsae profueruntve comae,
nec potuit curas sanare salubribus herbis:
    quidquid erat medicae, vicerat, artis, amor.
ipse deus solitus stabulis expellere vaccas   15
    . . . .
et miscere novo docuisse coagula lacte,
    lacteus et mixtus obriguisse liquor,
tum fiscella levi detexta est vimine iunci,
    raraque per nexus est via facta sero.   20
o quotiens illo vitulum gestante per agros
    dicitur occurrens erubuisse soror!
o quotiens ausae, caneret dum valle sub alta,
    rumpere mugitu carmina docta boves!
saepe duces trepidis petiere oracula rebus,   25
    venit et a templis inrita turba domum;
saepe horrere sacros doluit Latona capillos,
    quos admirata est ipsa noverca prius.
quisquis inornatumque caput crinesque solutos
    adspiceret, Phoebi quaereret ille comam.   30
Delos ubi nunc, Phoebe, tua est, ubi Delphica Pytho?
    nempe Amor in parva te iubet esse casa.
felices olim, Veneri cum fertur aperte
    servire aeternos non puduisse deos.
fabula nunc ille est, sed cui sua cura puella est,   35
    fabula sit mavolt quam sine amore deus.
at tu, quisquis is es, cui tristi fronte Cupido
    imperat, ut nostra sint tua castra domo:
ferrea non Venerem, sed praedam saecula laudant,
    praeda tamen multis est operata malis.   40
praeda feras acies cinxit discordibus armis:
    hinc cruor, hinc caedes mors propiorque venit.
praeda vago iussit geminare pericula ponto,
    bellica cum dubiis rostra dedit ratibus.

Einst hat Admetus' Rinder Apollo, der Schöne, geweidet,
   und es beschützten ihn nicht Lyra und wallendes Haar.
Lindern konnt' er da nicht die Schmerzen mit heilsamen Kräutern:
   Jegliche heilende Kraft ward von der Liebe besiegt.
Selbst war der Gott gewohnt, aus dem Stalle die Rinder zu treiben,
   (molk auch mit eigener Hand Kühe, so wird uns erzählt,)
Lehrte, wie man das Lab vermischt mit der eben gemolknen
   Milch, daß der fettige Saft leichter zu Käse gerinnt.
Dann ward ein Körbchen geflochten vom biegsamen Halme der Binse,
   Dicht gefügt, daß den Weg eben die Molke noch fand .
O wie oft, wenn der Gott ein Kälbchen trug durch die Felder
   Und seine Schwester ihn traf, wurde sie rot, wie man sagt!
O wie oft, indessen er sang in der Tiefe des Tales,
   Störten durch lautes Gebrüll Rinder das kunstreiche Lied!
Oft haben Fürsten in drangvoller Lage Orakel erbeten:
   Ratlos kehrte die Schar stets aus dem Tempel nach Haus.
Oft hat Latona beklagt, wie struppig das heilige Haar ihm
   hing, dem die Stiefmutter selbst früher Bewundrung gezollt.
Wer dieses schmucklose Haupt je sah und des Haares Verwirrung,
   Hätte vergebens Apolls goldene Locken gesucht.
Wo ist, Phoebus, dein Delos jetzt, das pythische Delphi?
   Amor freilich befiehlt, daß du ein Hüttchen bewohnst.
Einst war man glücklich, als ewige Götter der Venus noch offen
   Dienten, wie man erzählt, und sich nicht schämten dabei.
Heut ist's ein Märchen; doch wer für sein Mädchen entflammt ist, der hält
   Märchen lieber für wahr als einen Gott, der nicht liebt. — [das
Du aber, wer du auch bist, den finsteren Blickes Cupido
   Drängt, daß dein Feldlager du bauest in unserem Haus:
Eiserne Zeiten beherrscht nicht Liebe, sondern Gewinnsucht;
   aber Gewinnsucht bringt vielerlei Übel mit sich.
Habgier rüstete grausame Heere zu wütendem Kampfe:
   Blut ward vergossen, den Mord brachte sie uns und den Tod.
Habgier zwang, auf dem wogenden Meer die Gefahr zu verdoppeln,
   Als sie dem schwankenden Schiff streitbare Schnäbel verlieh.

praedator cupit inmensos obsidere campos,   45
    ut multa innumera iugera pascat ove;
cui lapis externus curae est, urbisque tumultu
    portatur validis mille columna iugis,
claudit et indomitum moles mare, lentus ut intra
    neglegat hibernas piscis adesse minas.   50
at mihi laeta trahant Samiae convivia testae
    fictaque Cumana lubrica terra rota.
heu heu divitibus video gaudere puellas:
    iam veniant praedae, si Venus optat opes,
ut mea luxuria Nemesis fluat utque per urbem   55
    incedat donis conspicienda meis.
illa gerat vestes tenues, quas femina Coa
    texuit auratas disposuitque vias;
illi sint comites fusci, quos India torret
    Solis et admotis inficit ignis equis;   60
illi selectos certent praebere colores
    Africa puniceum purpureumque Tyros.
nota loquor: regnum ipse tenet, quem saepe coegit
    barbara gypsatos ferre catasta pedes.
at tibi dura seges, Nemesim qui abducis ab urbe,   65
    persolvat nulla semina terra fide.
et tu, Bacche tener, iucundae consitor uvae,
    tu quoque devotos, Bacche, relinque lacus.
haud inpune licet formosas tristibus agris
    abdere: non tanti sunt tua musta, pater.   70
o valeant fruges, ne sint modo rure puellae:
    glans alat, et prisco more bibantur aquae.
glans aluit veteres, et passim semper amarunt:
    quid nocuit sulcos non habuisse satos?
tum, quibus adspirabat Amor, praebebat aperte   75
    mitis in umbrosa gaudia valle Venus.
nullus erat custos, nulla exclusura dolentes
    ianua: si fas est, mos precor ille redi.

Sucht nach Gewinn verlangt den Besitz unermeßlicher Felder,
Viele Morgen, darauf weide unzähliges Vieh.
Wen es nach fremdem Gestein verlangt, mit tausend Gespannen
Schleppt man im Lärm der Stadt Säule nach Säule ihm zu.
Deiche sperren das Meer, das unbändige; ohne Besorgnis
Kann, wenn der Winter droht, innen sich tummeln der Fisch.
Mir aber dehne das heitere Mahl der Becher von Samos
Oder ein rötlicher Krug, tönern in Cuma gedreht!
Weh mir! Ich sehe, daß nur an den Reichen die Mädchen sich freuen:
Sucht auch die Liebe Besitz, komme denn Reichtum ins Haus,
Daß meine Nemesis schwimmt im Überfluß, daß durch die Stadt sie
Wandelnd trage zur Schau, was ich zum Schmuck ihr geschenkt!
Hauchdünne Kleider trage sie mir, die auf Kos eine Frau ihr
Webt, mit der schimmernden Zier goldener Bahnen durchwirkt!
Dunkle Begleiter sollen ihr folgen, die Indien bräunte,
Denen das Feuergespann heißester Sonne genaht.
Wetteifernd sollen ihr bieten an auserlesenen Farben
Afrika punisches Rot, Tyros die purpurne Glut.
Aber ich schwatze: ihr Herr ist jetzt er, den man oft auf dem Markte
Feilbot, wo man den Fuß zeichnet dem Sklaven mit Gips.
Dir, der du Nemesis führst aus der Stadt, soll die Ernte vertrocknen!
Möge kein Acker dir je halten, soviel er verspricht!
Du auch, Bacchus, du freundlicher Stifter der köstlichen Traube,
Bacchus, auch du überlass' all seine Habe dem Fluch!
Nicht ohne Strafe darf man die Schönen in ländliche Langweil
Bringen: denn soviel ist, Vater, dein Most ja nicht wert —
Feldfrüchte, fahret dahin, wenn nur kein Mädchen aufs Land geht!
Esse man Eicheln! Wie einst trinke man Wasser dazu!
Eicheln nährten die Alten; doch allzeit liebten sie zwanglos:
Daß sie in Furchen noch nicht säten, was schadete das?
Damals wurde, wem Amor das Herz entflammte, von Venus
Offen im schattigen Tal gütig mit Wonnen beglückt.
Wächter gab es da nicht, keine Tür, die den Schmachtenden ausschloß.
Sitte von einst, ist's erlaubt, bitt' ich dich: Kehre zurück!

. . . .
horrida villosa corpora veste tegant.   80
nunc si clausa mea est, si copia rara videndi,
    heu miserum, laxam quid iuvat esse togam?
ducite: ad imperium dominae sulcabimus agros,
    non ego me vinclis verberibusque nego.

IV

Hic mihi servitium video dominamque paratam:
    iam mihi, libertas illa paterna, vale,
servitium sed triste datur, teneorque catenis,
    et numquam misero vincla remittit Amor,
et seu quid merui seu quid peccavimus, urit.   5
    uror, io, remove, saeva puella, faces.
o ego ne possim tales sentire dolores,
    quam mallem in gelidis montibus esse lapis,
stare vel insanis cautes obnoxia ventis,
    naufraga quam vasti tunderet unda maris!   10
nunc et amara dies et noctis amarior umbra est,
    omnia nunc tristi tempora felle madent.
nec prosunt elegi nec carminis auctor Apollo:
    illa cava pretium flagitat usque manu.
ite procul, Musae, si non prodestis amanti: 15
    non ego vos, ut sint bella canenda, colo,
nec refero Solisque vias et qualis, ubi orbem
    conplevit, versis Luna recurrit equis.
ad dominam faciles aditus per carmina quaero:
    ite procul, Musae, si nihil ista valent.   20
at mihi per caedem et facinus sunt dona paranda,
    ne iaceam clausam flebilis ante domum,
aut rapiam suspensa sacris insignia fanis,
    sed Venus ante alios est violanda mihi.

(Gerne verzicht' ich dann auch auf den Putz und die modischen Kleider:)
  Mag nur ein dörflich Gewand hüllen den struppigen Leib!
Jetzt, wenn die Meine entfernt ist, wenn ich so selten sie sehe,
  Ach, ich Armer, was hilft jetzt mir das üppige Kleid?
Nehmt mich! Befiehlt es die Herrin, so will ich die Felder bestellen;
  Nicht den Fesseln und nicht Schlägen entzieh' ich mich dann.

IV

Knechtschaft seh' ich mir nun im Dienst einer Herrin bereitet:
  Freiheit, aus Väterzeit mir überkommne, leb wohl!
Traurige Knechtschaft ist mir verhängt: ich liege in Ketten,
  Amor erbarmt sich nicht, lockert die Fessel mir nie,
Und, ob ich's nun verdient, ob ich Sünde getan, er verbrennt mich.
  Weh, ich verbrenne! So nimm, Böse, die Fackel doch weg!
Wär' es mir doch nur vergönnt, nicht länger die Schmerzen zu fühlen!
  Lieber noch wär' ich ein Stein oben auf eisigen Höhn.
Lieber noch stünd' ich als Riff und trotzte den rasenden Stürmen,
  Würde von brandender Flut schiffezertrümmernd berannt.
Jetzt ist der Tag mir bitter und bittrer das nächtliche Dunkel:
  Jeglicher Augenblick wird jetzt mir mit Galle getränkt.
Weder hilft mir Gesang noch der Stifter des Liedes Apollo:
  Sie hält immer die Hand her und verlangt nach Gewinn.
Helft ihr dem Liebenden nicht, so geht, ihr Musen, von dannen!
  Nicht um Kriegesgesang steh' ich in euerem Dienst;
Nicht die Bahnen der Sonne besing' ich, nicht wie der Mond den
  Umlauf erfüllt, wie er dann lenkt seine Rosse zurück.
Leichteren Zugang such' ich zur Herrin mit meinen Gedichten:
  Taugen sie dazu nicht, Musen, so hebt euch hinweg!
Ich aber muß durch Mord und Gewalt mir Geschenke verschaffen:
  Vor der verschlossenen Tür lieg' ich, ein Weinender, sonst.
Oder ich raube mir Weihgeschenke aus heiligen Tempeln,
  Und da vergreif' ich zuerst mich an der Venus Altar.

illa malum facinus suadet dominamque rapacem   25
  dat mihi: sacrilegas sentiat illa manus.
o pereat, quicumque legit viridesque smaragdos
  et niveam Tyrio murice tingit ovem.
hic dat avaritiae causas et Coa puellis
  vestis et e Rubro lucida concha mari.   30
haec fecere malas: hinc clavim ianua sensit,
  et coepit custos liminis esse canis.
sed pretium si grande feras, custodia victa est,
  nec prohibent claves, et canis ipse tacet.
heu quicumque dedit formam caelestis avarae,   35
  quale bonum multis attulit ille malis!
hinc fletus rixaeque sonant, haec denique causa
  fecit ut infamis hic deus esset Amor.
at tibi, quae pretio victos excludis amantes,
  eripiant partas ventus et ignis opes: 40
quin tua tunc iuvenes spectent incendia laeti,
  nec quisquam flammae sedulus addat aquam;
seu veniet tibi mors, nec erit qui lugeat ullus,
  nec qui det maestas munus in exequias.
at bona quae nec avara fuit, centum licet annos   45
  vixerit, ardentem flebitur ante rogum,
atque aliquis senior veteres veneratus amores
  annua constructo serta dabit tumulo
et 'bene' discedens dicet 'placideque quiescas,
  terraque securae sit super ossa levis.'   50
vera quidem moneo, sed prosunt quid mihi vera?
  illius est nobis lege colendus Amor.
quin etiam sedes iubeat si vendere avitas,
  ite sub imperium sub titulumque, Lares!
quidquid habet Circe, quidquid Medea veneni,   55
  quidquid et herbarum Thessala terra gerit,
et quod, ubi indomitis gregibus Venus adflat amores,
  hippomanes cupidae stillat ab inguine equae,

Sie nur veranlaßt die böse Tat: die gierige Herrin
   Gibt sie mir; möge sie nun spüren die frevelnde Hand!
Wer je grüne Smaragden gesammelt, dem wünsch' ich Verderben,
   Auch wer Wolle mit Blut tyrischer Schnecken gefärbt.
Nun sind Kleider aus Kos den Mädchen Anlaß zur Habsucht
   Oder aus östlichem Meer leuchtende Perlen zum Schmuck.
All dies machte sie schlecht: nun lernte die Türe den Riegel
   Kennen, der Hund begann Wächter der Schwelle zu sein.
Bringst du indessen ein großes Geschenk, so besiegst du den Wächter:
   Riegel behindern dich nicht, Bellen des Hundes verstummt.
Wer von den Himmlischen je die Schönheit vermählte mit Habgier,
   Ach, welch erhabenes Gut hat er zum Schlimmen verkehrt!
Daher erschallt nun Jammer und Zank; dies endlich bewirkte,
   Daß jetzt Amor so oft gilt als ein schändlicher Gott.
Dir aber, die um Gewinn den ärmeren Liebhaber ausschließt,
   Mag in Feuer und Sturm alles Erraffte vergehn,
Daß mit Belustigung deine Verehrer sehn, wie du abbrennst,
   Und auch nicht einer besorgt Wasser zum Löschen dir bringt!
Wenn dir der Tod dann naht, wird keiner mehr dich betrauern,
   Keiner beim letzten Geleit weiht deinem Grab ein Geschenk.
Die aber gut und von Habsucht frei ist, und lebe sie hundert
   Jahre, die wird beweint, wenn man im Tod sie verbrennt.
Irgendein Alter dann, im Gedenken früherer Liebe,
   Legt ihr verehrungsvoll jährlich den Kranz auf das Grab:
„Ruhe", so spricht er im Weggehn, „ruhe du wohl und in Frieden
   Sorglos: die Erde, sie sei leicht über deinem Gebein!"
Wahres verkünd' ich zwar; indessen was nützt mir die Wahrheit?
   Frönen muß ich ja doch Amor nach ihrem Geschmack.
Ja, und geböte sie mir, zu verkaufen den Wohnsitz der Väter,
   Laren, so beugt dem Befehl, beugt der Versteigerung euch!
Was auch Kirke, was auch Medea an Giften besitze,
   Was nur an Zauberkraut wächst im thessalischen Land,
Und was — wenn Venus Begierden den ungebändigten Herden
   Einhaucht — an Saft dem Schoß brünstiger Stuten enttr äuft,

si modo me placido videat Nemesis mea vultu,
　mille alias herbas misceat illa, bibam.　　　　　　60

V

Phoebe, fave: novus ingreditur tua templa sacerdos:
　huc age cum cithara carminibusque veni.
nunc te vocales inpellere pollice chordas,
　nunc precor ad laudes flectere verba mea.
ipse triumphali devinctus tempora lauro,　　　　　　5
　dum cumulant aras, ad tua sacra veni;
sed nitidus pulcherque veni: nunc indue vestem
　sepositam, longas nunc bene pecte comas,
qualem te memorant Saturno rege fugato
　victori laudes concinuisse Iovi.　　　　　　10
tu procul eventura vides, tibi deditus augur
　scit bene, quid fati provida cantet avis,
tuque regis sortes, per te praesentit haruspex,
　lubrica signavit cum deus exta notis;
te duce Romanos numquam frustrata Sibylla,　　　　　　15
　abdita quae senis fata canit pedibus.
Phoebe, sacras Messalinum sine tangere chartas
　vatis, et ipse precor quid canat illa doce.
haec dedit Aeneae sortes, postquam ille parentem
　dicitur et raptos sustinuisse Lares;　　　　　　20
nec fore credebat Romam, cum maestus ab alto
　Ilion ardentes respiceretque deos.
Romulus aeternae nondum formaverat urbis
　moenia, consorti non habitanda Remo,
sed tunc pascebant herbosa Palatia vaccae,　　　　　　25
　et stabant humiles in Iovis arce casae.
lacte madens illic suberat Pan ilicis umbrae
　et facta agresti lignea falce Pales,

Wenn meine Nemesis nur mit gewährender Miene mich anschaut,
Mische sie tausenderlei andere Kräuter, — ich trink's!

V

Phoebus, sei gnädig! Ein neuer Priester betritt deinen Tempel:
Komm mit Gesängen herbei! Bringe die Kithara mit!
Jetzt, ich bitte dich, schlag mit dem Daumen die tönenden Saiten!
Jetzt zum Lobesgesang wolle die Worte mir leihn!
Selbst erscheine, die Schläfen mit Siegeslorbeer umwunden!
Komm zu deinem Altar, während man Gaben dir bringt!
Komm aber strahlend und schön: heut trage das lange verwahrte
Festkleid! Kämme dir heut sorglich das wallende Haar,
So wie du einst, wie man sagt, als der König Saturnus verjagt war,
Juppiters glänzendem Sieg Lobesgesänge geweiht!
Fern in die Zukunft schaust du: der dir ergebene Seher
Weiß wohl, welches Geschick warnend der Vogel uns singt.
Du bist Lenker der Lose: es ahnt durch dich nur der Seher,
Wenn das Gekröse ein Gott deutend mit Zeichen versieht:
Niemals täuschte die Römer, gelenkt von dir, die Sibylle,
Die das verborgne Geschick gibt in Hexametern kund.
Laß Messalinus die heiligen Tafeln des Sehers berühren,
Phoebus, und deute den Sinn selbst des Sibyllengesangs!
Sie hat das Los des Aeneas verkündet, der, heißt es, den Vater
Trug und vom troischen Herd führte die Hausgötter fort:
Damals ahnt' er noch nichts von Rom, als er traurig vom Hügel
Sah auf Ilion, auf brennende Götter zurück.
Noch hatte Romulus Mauern der ewigen Stadt nicht gegeben,
Die in Gemeinschaft mit ihm Remus zu wohnen verwehrt.
Kühe noch weideten auf dem Palatium damals im Grase;
Niedrige Hütten allein standen auf Juppiters Berg.
Triefend von Milch hatte Pan seinen Platz im Schatten der Eiche
Neben der Pales von Holz, wie sie der Bauer geschnitzt.

pendebatque vagi pastoris in arbore votum,
   garrula silvestri fistula sacra deo,   30
fistula, cui semper decrescit arundinis ordo,
   nam calamus cera iungitur usque minor.
at qua Velabri regio patet, ire solebat
   exiguus pulsa per vada linter aqua.
illa saepe gregis diti placitura magistro   35
   ad iuvenem festa est vecta puella die,
cum qua fecundi redierunt munera ruris,
   caseus et niveae candidus agnus ovis. —
'inpiger Aenea, volitantis frater Amoris,
   Troica qui profugis sacra vehis ratibus,   40
iam tibi Laurentes adsignat Iuppiter agros,
   iam vocat errantes hospita terra Lares.
illic sanctus eris, cum te veneranda Numici
   unda deum caelo miserit indigetem.
ecce super fessas volitat Victoria puppes,   45
   tandem ad Troianos diva superba venit.
ecce mihi lucent Rutulis incendia castris:
   iam tibi praedico, barbare Turne, necem.
ante oculos Laurens castrum murusque Lavini est
   Albaque ab Ascanio condita Longa duce.   50
te quoque iam video, Marti placitura sacerdos
   Ilia, Vestales deseruisse focos,
concubitusque tuos furtim vittasque iacentes
   et cupidi ad ripas arma relicta dei.
carpite nunc, tauri, de septem montibus herbas,   55
   dum licet: hic magnae iam locus urbis erit.
Roma, tuum nomen terris fatale regendis,
   qua sua de caelo prospicit arva Ceres,
quaque patent ortus, et qua fluitantibus undis
   Solis anhelantes abluit amnis equos.   60
Troia quidem tunc se mirabitur et sibi dicet
   vos bene tam longa consuluisse via.

Oder es hing das Geschenk eines schweifenden Hirten am Baume,
  Hing eine Flöte voll Klang, war einem Waldgott geweiht,
Flöte mit mehreren Rohren, die immer geringer an Länge;
  Denn immer kürzeres Rohr fügt man zusammen mit Wachs.
Wo jetzt Velabrums Bezirk sich erstreckt, stand seichtes Gewässer,
  Pflegte der winzige Kahn rudernd hinüberzugehn.
Dort fuhr oft eine Maid, die dem reichen Herdenbesitzer
  Wohl gefiel, zu dem Freund fröhlich am festlichen Tag.
Mit ihr kamen nach Hause die Gaben des fruchtbaren Landes,
  Käs und ein unschuldig Lamm, Frucht eines schneeweißen Schafs. —
„Tapfrer Aeneas du, dem geflügelten Amor verschwistert,
  Der du auf flüchtigem Schiff troische Götter entführst,
Schon gibt Juppiter dir zum Besitz Laurentums Gefilde,
  Schon ruft gastliche Flur schweifende Laren herbei.
Dort verehrt man dich einst, wenn die heilige Flut des Numicus
  Dich als heimischen Gott sendet zum Himmel empor.
Siehe: die Göttin des Sieges umschwebt die ermatteten Schiffe;
  Endlich dem troischen Volk hat sich die stolze gesellt.
Siehe: mir leuchten die Flammen des brennenden Rutuler-Lagers;
  Heut schon sag' ich voraus, Turnus, Barbar, deinen Tod,
Habe vor Augen Laurentums Kastell, Laviniums Mauer,
  Alba Longa, gebaut auf des Ascanius Wink.
Dich auch, Priesterin, seh' ich, die Mars zu gefallen bestimmt ist,
  Ilia, wie du entweichst von dem vestalischen Herd,
Seh' deine Liebeslust und das heimlich sinkende Haarband,
  Und der begierige Gott läßt seine Waffen am Strand.
Weidet, ihr Rinder, noch ab von den sieben Hügeln die Gräser!
  Noch ist's erlaubt: bald steht hier eine mächtige Stadt;
Rom, deines Namens Bestimmung ist, zu beherrschen die Länder,
  Wo je Ceres herab schaut auf die prangende Flur,
Je der Morgen erstrahlt und abends des Meeres Gewoge
  Reinigt des Sonnengotts schnaubendes Rossegespann.
Dann wird Troja sich selbst bewundern und freudig sich sagen,
  Daß ihr, wie weit auch die Fahrt ging, sie mit Glück unternahmt.

vera cano: sic usque sacras innoxia laurus
   vescar, et aeternum sit mihi virginitas.'
haec cecinit vates et te sibi, Phoebe, vocavit.   65
   iactavit fusas et caput ante comas.
quidquid Amalthea, quidquid Marpesia dixit
   Herophile, Phyto Graia quod admonuit,
quasque Aniena sacras Tiburs per flumina sortes
   portarit sicco pertuleritque sinu, —   70
haec fore dixerunt belli mala signa cometen,
   multus ut in terras deplueretque lapis,
atque tubas atque arma ferunt strepitantia caelo
   audita et lucos praecinuisse fugam.
ipsum etiam Solem defectum lumine vidit   75
   iungere pallentes nubilus annus equos
et simulacra deum lacrimas fudisse tepentes
   fataque vocales praemonuisse boves. —
haec fuerant olim; sed tu iam mitis, Apollo,
   prodigia indomitis merge sub aequoribus,   80
et succensa sacris crepitet bene laurea flammis,
   omine quo felix et sacer annus erit.
laurus ubi bona signa dedit, gaudete coloni:
   distendet spicis horrea plena Ceres,
oblitus et musto feriet pede rusticus uvas,   85
   dolia dum magni deficiantque lacus,
ac madidus Baccho sua festa Palilia pastor
   concinet: a stabulis tunc procul este lupi.
ille levis stipulae sollemnis potus acervos
   accendet flammas transilietque sacras,   90
et fetus matrona dabit, natusque parenti
   oscula conprensis auribus eripiet,
nec taedebit avum parvo advigilare nepoti
   balbaque cum puero dicere verba senem.
tunc operata deo pubes discumbet in herba,   95
   arboris antiquae qua levis umbra cadit.

Wahres sing' ich, so wahr ich schadlos heiligen Lorbeer
    Esse, für ewige Zeit lebend in Jungfräulichkeit." —
Dies war der Seherin Sang: dich, Phoebus, rief sie zu Hilfe;
    Vor ihr Antlitz dabei warf sie ihr wallendes Haar.
Was Amalthea je, was je die Marpesserin sagte,
    Herophile, und was Phyto, die Griechin, einst riet,
Was die Sibylle von Tibur am Anio einstens in Sprüchen
    Sicher trug durch die Flut, trocken am Busen verbarg, —
Schlimme Zeichen verkündeten sie, den Kometen des Krieges,
    Steine würden zuhauf regnen zum Boden herab;
Auch Trompeten, so heißt es, und klirrende Waffen am Himmel
    Wurden gehört, und zur Flucht riet eine Stimme des Hains;
Auch den Sonnengott selbst erblickte geminderten Lichtes,
    Wie er sein bleiches Gespann schirrte, das neblige Jahr,
Sah, wie die Bilder der Götter brennende Tränen vergossen
    Und wie der brüllende Stier sagte das Schicksal voraus.
Dies ist einstens gewesen; doch heut sei gütig, Apollo:
    Senke die Bilder der Qual tief in die tobende Flut!
Knistern mög' in den heiligen Flammen der brennende Lorbeer;
    Denn das bedeutet: das Jahr bietet uns Segen und Glück.
Gibt uns der Lorbeer günstige Zeichen, dann, Landleute, freut euch!
    Ceres spendet uns dann Scheuern mit Ähren gefüllt.
Bauern treten, bespritzt vom Most, mit dem Fuße die Trauben,
    Bis es an Kufen, am Faß fehlt für die Fülle des Safts.
Dann, von Bacchus berauscht, wird der Hirt zum Feste der Pales
    Lieder singen: dann bleibt, Wölfe, den Stallungen fern!
Ist er nun trunken, so setzt er die festlichen Haufen von leichtem
    Stroh in Flammen und springt über den heiligen Brand.
Und seine Frau wird Kinder ihm schenken; es faßt schon das Söhnchen
    Bald seiner Mutter ans Ohr, raubt ihr vom Mund einen Kuß.
Unverdrossen bewacht Großvater den niedlichen Enkel:
    Gern dann tauscht mit dem Kind plappernde Rede der Greis.
Hat sie dem Gotte geopfert, so lagert die Jugend im Grase,
    Das eines uralten Baums lindernder Schatten beschirmt.

aut e veste sua tendent umbracula sertis
  vincta, coronatus stabit et ipse calix.
at sibi quisque dapes et festas extruet alte
  caespitibus mensas caespitibusque torum.   100
ingeret hic potus iuvenis maledicta puellae,
  postmodo quae votis inrita facta velit:
nam ferus ille suae plorabit sobrius idem
  et se iurabit mente fuisse mala.
pace tua pereant arcus pereantque sagittae,   105
  Phoebe, modo in terris erret inermis Amor.
ars bona, sed postquam sumpsit sibi tela Cupido,
  heu heu quam multis ars dedit ista malum!
et mihi praecipue: iaceo cum saucius annum
  et faveo morbo, cum iuvat ipse dolor,   110
usque cano Nemesim, sine qua versus mihi nullus
  verba potest iustos aut reperire pedes.
at tu — nam divum servat tutela poetas —
  praemoneo, vati parce, puella, sacro,
ut Messalinum celebrem, cum praemia belli   115
  ante suos currus oppida victa feret,
ipse gerens laurus: lauro devinctus agresti
  miles 'io' magna voce 'triumphe' canet.
tunc Messalla meus pia det spectacula turbae
  et plaudat curru praetereunte pater.   120
adnue: sic tibi sint intonsi, Phoebe, capilli,
  sic tua perpetuo sit tibi casta soror.

VI

Castra Macer sequitur; tenero quid fiet Amori?
  sit comes et collo fortiter arma gerat?
et seu longa virum terrae via seu vaga ducent
  aequora, cum telis ad latus ire volet?

Oder sie spannen mit Kränzen umwundene Dächer aus ihren
   Kleidern; die Becher sogar stehen bekränzt für den Trunk,
Und es bereitet ein jeder sein Mahl, baut festliche, hohe
   Tische von Rasen sich auf, baut sich aus Rasen die Bank.
Schmähungen bietet auch wohl seinem Mädchen ein trunkner Verehrer;
   Aber nicht lange darauf schwört er, sie seien nicht wahr;
Denn der soeben noch tobte, der bittet, ernüchtert, sein Mädchen,
   Wird ihr beteuern: er war ohne Besinnung zuvor. —
Lasse — vergib mir den Wunsch — vergehen die Bogen, die Pfeile,
   Phoebus, und wehrlos nur Amor durchschweifen das Land!
Gut ist die Kunst der Waffen; doch seit Cupido sie wählte,
   Wehe, wie vielen von uns brachte nur Leid diese Kunst!
Ganz besonders auch mir: ich liege verwundet ein Jahr schon,
   Bin meiner Krankheit hold, ja, ich genieße den Schmerz.
Nemesis sing' ich nur immer, und ohne sie find' ich zu keinem
   Verse das treffende Wort oder das richtige Maß.
Du aber schone den heiligen Sänger! Ich warne dich, Mädchen;
   Denn die Dichter, sie stehn unter der Himmlischen Schutz:
Lasse — vergib den Wunsch — vergehen die Bogen, die Pfeile,
   Städte, die er besiegt, gehn seinem Wagen voraus,
Wenn er den Lorbeer trägt, wenn geschmückt mit dem ländlichen Lorbeer
   Krieger mit freudigem Ruf wünschen ihm Heil und Triumph.
Dann gibt wohl mein Messalla dem Volk einen würdigen Anblick;
   Beifall klatscht er dem Sohn, fährt er im Wagen vorbei.
Phoebus, gewähr' es, so wahr du das ungeschorene Haupthaar
   Trägst und so wahr dir keusch stets deine Schwester verbleibt!

VI

Macer zieht in den Krieg. Was wird aus dem zärtlichen Amor?
   Geht er mit ihm und trägt tapfer die Rüstung am Hals?
Will er, wenn weiter Marsch, wenn wogende Fluten den Helden
   Rufen, mit Bogen und Pfeil ständig zuseiten ihm gehn?

ure, puer, quaeso, tua qui ferus otia liquit,   5
     atque iterum erronem sub tua signa voca.
quod si militibus parces, erit hic quoque miles,
     ipse levem galea qui sibi portet aquam.
castra peto, valeatque Venus valeantque puellae:
     et mihi sunt vires, et mihi facta tuba est.   10
magna loquor, sed magnifice mihi magna locuto
     excutiunt clausae fortia verba fores.
iuravi quotiens rediturum ad limina numquam!
     cum bene iuravi, pes tamen ipse redit.
acer Amor, fractas utinam, tua tela, sagittas,   15
     si licet, extinctas adspiciamque faces!
tu miserum torques, tu me mihi dira precari
     cogis et insana mente nefanda loqui.
iam mala finissem leto, sed credula vitam
     Spes favet et fore cras semper ait melius.   20
Spes alit agricolas, Spes sulcis credit aratis
     semina, quae magno faenore reddat ager;
haec laqueo volucres, haec captat arundine pisces,
     cum tenues hamos abdidit ante cibus;
Spes etiam valida solatur compede vinctum: 25
     crura sonant ferro, sed canit inter opus;
Spes facilem Nemesim spondet mihi, sed negat illa;
     ei mihi, ne vincas, dura puella, deam.
parce, per inmatura tuae precor ossa sororis:
     sic bene sub tenera parva quiescat humo.   30
illa mihi sancta est, illius dona sepulcro
     et madefacta meis serta feram lacrimis,
illius ad tumulum fugiam supplexque sedebo
     et mea cum muto fata querar cinere.
non feret usque suum te propter flere clientem: 35
     illius ut verbis, sis mihi lenta veto,
ne tibi neglecti mittant mala somnia Manes,
     maestaque sopitae stet soror ante torum.

Knabe, verbrenn' ihn, der deinen Frieden trotzig verlassen!
Rufe zu deinem Panier ihn, den Entlaufnen, zurück!
Wenn du die Krieger verschonst, so werd' ich selbst noch zum Krieger.
Der sich selber im Helm labendes Wasser verschafft,
Zieh' in das Lager, verlasse die Liebe, verlasse die Mädchen:
Kräfte verspür' auch ich, Hornruf ertönt auch für mich. —
Ach, wie tu' ich nun groß! Dem Großsprecher treibt seine tapfren
Worte gewaltsam aus — eine verschlossene Tür.
Schwor ich nicht, ach wie oft, nie mehr ihrer Schwelle zu nahen?
Während ich eben noch schwor, kehrte der Fuß schon zurück.
Quälgeist Amor, o dürft' ich doch deine Geschosse, die Pfeile,
Sämtlich zerbrochen sehn, all deine Fackeln gelöscht!
Du nur folterst mich Armen, du zwingst mich zu gräßlichen Wünschen,
Läßt mich im sinnlosen Wahn reden manch ruchloses Wort.
Längst schon hätt' ich im Tod meine Qualen beendet; doch Hoffnung
Fristet mein Leben und sagt: Glaube nur! Morgen wird's gut.
Hoffnung erhält den Landmann, vertraut den geackerten Fluren
Samen, damit ihn das Feld gebe mit Wucher zurück.
Hoffnung fängt den Vogel im Garn, den Fisch mit der Angel,
Wenn er den Haken nicht sieht, den ihm der Köder verbirgt.
Hoffnung tröstet auch den, der in drückende Fesseln geschlagen:
Klirrt auch das Eisen am Bein, schafft er und singt noch dabei.
Hoffnung verheißt mir die Gunst meiner Nemesis; aber sie will nicht.
Herzlose! Sei auf der Hut, wenn du die Göttin bekämpfst!
Schone mich! Bei dem Gebein deiner frühe verblichenen Schwester
Fleh' ich. Im Erdenschoß sei ihr die Ruhe gegönnt!
Heilig soll sie mir sein! Ihrem Grabstein will ich Geschenke,
Will ich ein Blumengewind weihen, mit Tränen benetzt.
Zuflucht sei mir ihr Hügel: ich will dort sitzen und flehen,
Und bei dem schweigenden Staub will ich beklagen mein Los.
Sie wird nicht dulden, daß immer ihr Schützling deinethalb weine;
Drum, wie mit Worten von ihr, sag' ich dir: Bleibe nicht spröd,
Daß ihr mißachteter Schatten dir böse Träume nicht schicke,
Traurig dir nicht, wenn du schläfst, trete die Schwester ans Bett

qualis ab excelsa praeceps delapsa fenestra
   venit ad infernos sanguinulenta lacus.   40
desino, ne dominae luctus renoventur acerbi:
   non ego sum tanti, ploret ut illa semel.
nec lacrimis oculos digna est foedare loquaces:
   lena nocet nobis, ipsa puella bona est.
lena necat miserum Phryne furtimque tabellas   45
   occulto portans itque reditque sinu:
saepe, ego cum dominae dulces a limine duro
   adgnosco voces, haec negat esse domi,
saepe, ubi nox mihi promissa est, languere puellam
   nuntiat aut aliquas extimuisse minas.   50
tunc morior curis, tunc mens mihi perdita fingit,
   quisve meam teneat, quot teneatve modis;
tunc tibi, lena, precor diras: satis anxia vivas,
   moverit e votis pars quotacumque deos.

In der Gestalt, wie sie jählings vom hohen Fenster gestürzt ist,
  Wie sie, von Blut überströmt, kam an der Unterwelt Flut.
Doch ich will schweigen, ich will meiner Herrin Leid nicht erneuern:
  Soviel bin ich nicht wert, daß sie ein einzigmal weint.
Tränen dürfen ihr nicht die sprechenden Augen entstellen:
  Schlimm ist die Kupplerin nur, aber das Mädchen ist gut.
Phryne, die Kupplerin, quält mich zu Tode: beim Gehen und Kommen
  Trägt sie am Busen versteckt Briefchen hinein und heraus.
Oft, an der fühllosen Tür, wenn ich meiner Gebieterin süße
  Stimme vernehme, so lügt Phyrne, sie sei nicht zu Haus.
Oft auch, wenn eine Nacht mir versprochen ist, sagt sie, mein Mädchen
  Sei jetzt müd oder sei bang, daß ihm Mißgeschick droht.
Dann vergeh' ich vor Gram, dann malt der zerrüttete Sinn mir
  Aus, wer mein Liebchen umarmt und auf wie vielerlei Art:
Dann dir Kupplerin fluch' ich: du lebst in beständigen Ängsten,
  Wird ein Teil meines Flehns nur von den Göttern erhört.

Liber tertius

Lygdami elegiarum

I

„Martis Romani festae venere kalendae —
  exoriens nostris hic fuit annus avis —
et vaga nunc certa discurrunt undique pompa
  perque vias Urbis munera perque domos:
dicite, Pierides, quonam donetur honore   5
  seu mea, seu fallor, cara Neaera tamen.“
„carmine formosae, pretio capiuntur avarae.
  gaudeat, ut digna est, versibus illa tuis.
lutea sed niveum involvat membrana libellum,
  pumex et canas tondeat ante comas,   10
summaque praetexat tenuis fastigia chartae,
  indicet ut nomen littera facta tuum,
atque inter geminas pingantur cornua frontes:
  sic etenim comptum mittere oportet opus.“
„per vos, auctores huius mihi carminis, oro   15
  Castaliamque umbram Pieriosque lacus,
ite domum cultumque illi donate libellum,
  sicut erit: nullus defluat inde color.
illa mihi referet, si nostri mutua cura est
  an minor, an toto pectore deciderim.   20
sed primum meritam larga donate salute
  atque haec submisso dicite verba sono:
'haec tibi vir quondam, nunc frater, casta Neaera,
  mittit et accipias munera parva rogat,
teque suis iurat caram magis esse medullis,   25
  sive sibi coniunx sive futura soror,

DAS DRITTE BUCH

Die sechs Elegien von Lygdamus

I

Heut ist erster März, das Fest des römischen Gottes
  Mars: unsern Ahnen begann einst mit dem Tage das Jahr.
Allseits ist durch die Straßen, die Häuser der Stadt der Geschenke
  Festlich prunkender Zug schweifend auch heut unterwegs.
Sagt mir doch, Musen, was könnt' ich denn wohl Neära verehren,
  Die, ob sie mein, ob ich mich täusche, doch teuer mir ist. —
„Schöne gewinnt man durch's Lied, habgierige Mädchen durch Gaben:
  Möge — sie ist es ja wert — Sie deiner Verse sich freun!
Gelbliches Pergament umhülle das schneeweiße Büchlein:
  Bimsstein reibe zuvor jegliche Faser ihm weg,
Und es verleihe die höchste Würde der zierlichen Dichtung,
  Wenn dein Name genannt wird auf dem Titel der Schrift!
Farbig seien die Knöpfe des Stabes inmitten der Rolle:
  All dieser Zierde bedarf's, willst du ihr senden das Werk." —
Ihr, von denen dies Lied mir gekommen, ihr Musen, ich bitt' euch
  Beim kastalischen Hain, bei dem pierischen See:
Geht in ihr Haus und gebt ihr das schön gestaltete Büchlein,
  So wie es ist, daß ja nichts von der Farbe verblaßt!
Sagen wird sie mir dann, ob auch i h r e Liebe so groß ist,
  Ob nur gering oder ob völlig ihr Herz mich vergaß.
Aber beschenkt sie zuerst mit der Fülle des Heils: sie verdient es.
  Solche Worte sodann sprecht in verehrendem Ton:
Dies hier, keusche Neära, schickt, der künftig dein Gatte,
  Jetzt dein Bruder; er fleht: Nimm dieses kleine Geschenk!
Daß du ihm teurer bist als die eigene Seele, das schwört er,
  Ob du nun Gattin dereinst oder nur Schwester ihm seist.

sed potius coniunx: huius spem nominis illi
    auferet extincto pallida Ditis aqua.'"

II

Qui primus caram iuveni carumque puellae
    eripuit iuvenem, ferreus ille fuit.
durus et ille fuit, qui tantum ferre dolorem,
    vivere et erepta coniuge qui potuit.
non ego firmus in hoc, non haec patientia nostro   5
    ingenio: frangit fortia corda dolor;
nec mihi vera loqui pudor est vitaeque fateri
    tot mala perpessae taedia nata meae.
ergo cum tenuem fuero mutatus in umbram
    candidaque ossa super nigra favilla teget,   10
ante meum veniat longos incompta capillos
    et fleat ante meum maesta Neaera rogum.
sed veniat carae matris comitata dolore:
    maereat haec genero, maereat illa viro.
praefatae ante meos manes animamque precatae   15
    perfusaeque pias ante liquore manus,
pars quae sola mei superabit corporis, ossa
    incinctae nigra candida veste legent,
et primum annoso spargent collecta Lyaco,
    mox etiam niveo fundere lacte parent,   20
post haec carbaseis umorem tollere velis
    atque in marmorea ponere sicca domo.
illic quas mittit dives Panchaia merces
    Eoique Arabes, dives et Assyria,
et nostri memores lacrimae fundantur eodem: 25
    sic ego conponi versus in ossa velim.
sed tristem mortis demonstret littera causam
    atque haec in celebri carmina fronte notet:

Lieber doch Gattin: die Hoffnung, dich so zu nennen, die werden
Ihm, wenn er auslischt erst, rauben die Fluten des Dis.

II

Wer einem Jüngling zuerst seine Liebste entriß, einem Mädchen
Seinen Geliebten, der war sicher von eiserner Art.
Der war ebenso hart, der solchen Schmerz zu ertragen,
Der noch zu leben vermocht, als man sein Weib ihm entriß.
Hierin bin ich nicht stark: es ist meinem Geist nicht gegeben,
Solches zu dulden: das Leid bricht auch das tapferste Herz.
Wahres zu sagen schäm' ich mich nicht und einzugestehen,
Wie mir mein Leben zur Qual ward, das an Unglück so reich.
Wenn ich denn also verwandelt bin in verwehenden Schatten,
Wenn mein bleiches Gebein schwärzlich die Asche bedeckt,
Komme, von Trauer erfüllt, zum Brande der Scheiter mit langem,
Ungeordnetem Haar weinend Neära herbei;
Aber sie komme vom Schmerz ihrer lieben Mutter begleitet:
Diese betraure den Sohn, jene betraure den Mann!
Haben sie dann meine Manen gerufen, die Seele gebetet,
Haben die liebreiche Hand fromm sich mit Wasser benetzt,
Werden sie, was allein von meinem Leibe geblieben,
Schürzend ihr schwarzes Gewand, sammeln: das bleiche Gebein
Und das gesammelte erst mit bejahrtem Weine besprengen;
Hierauf gießen sie wohl schneeige Milch noch hinzu,
Nehmen sodann die Feuchte hinweg mit nesselnen Tüchern,
Und in ein Marmorgehäus tun sie das trockne zuletzt.
Mag sich dort das Duftöl aus Panchaïas Reichtum,
Mag, was Arabien uns oder Assyrien schickt,
Mögen die Tränen sich dort zu meinem Gedächtnis ergießen!
So, wenn ich nur noch Gebein, wünscht' ich bestattet zu sein.
Doch eine Inschrift künde den traurigen Grund meines Todes,
Und an des Denkmals Stirn stehe gemeißelt der Spruch:

Lygdamus hic situs est: dolor huic et cura Neaerae,
  coniugis ereptae, causa perire fuit.   30

III

Quid prodest caelum votis inplesse, Neaera,
  blandaque cum multa tura dedisse prece?
non, ut marmorei prodirem e limine tecti
  insignis clara conspicuusque domo,
aut ut multa mei renovarent iugera tauri   5
  et magnas messes terra benigna daret,
sed tecum ut longae sociarem gaudia vitae
  inque tuo caderet nostra senecta sinu,
tum cum permenso defunctus tempore lucis
  nudus Lethaea cogerer ire rate.   10
nam grave quid prodest pondus mihi divitis auri,
  arvaque si findant pinguia mille boves?
quidve domus prodest Phrygiis innixa columnis,
  Taenare sive tuis, sive Caryste tuis,
et nemora in domibus sacros imitantia lucos   15
  aurataeque trabes marmoreumque solum?
quidve in Erythraeo legitur quae litore concha
  tinctaque Sidonio murice lana iuvat,
et quae praeterea populus miratur? in illis
  invidia est: falso plurima volgus amat.   20
non opibus mentes hominum curaeque levantur,
  nam Fortuna sua tempora lege regit.
sit mihi paupertas tecum iucunda, Neaera,
  at sine te regum munera nulla volo.
o niveam, quae te poterit mihi reddere, lucem!   25
  o mihi felicem terque quaterque diem!
at si, pro dulci reditu quaecumque voventur,
  audiat aversa non meus aure deus,

Lygdamus ruht hier aus. Der Kummer, das Leid um Neära,
Um sein entrissenes Weib, haben den Tod ihm gebracht.

III

Ach, was frommt's, daß ich dem Himmel Gelübde, Neära,
Schmeichelnden Weihrauch ihm, viele Gebete gesandt?
Nicht um aus dem Tor eines Marmorpalastes zu schreiten
Oder aus glänzendem Haus als ein geachteter Mann,
Nicht daß zahllose Morgen Land meine Stiere beackern,
Riesige Ernten mir gütig die Erde gewährt, —
Nein, um mit dir eines langen Lebens Freuden zu teilen,
Bis ich dereinst dir als Greis lege mein Haupt in den Schoß,
Wenn ich schließlich die Zeit des Lichts durchmessen und scheide,
Nackt und bloß dahin fahr' im lethäischen Boot.
Denn was nützt mir die drückende Last des kostbaren Goldes,
Tausend Rinder, die mir pflügen die fruchtbare Flur?
Oder was nützt ein Haus, gestützt auf phrygische Säulen,
Sei's aus tänarischem Stein oder karystischem auch,
Oder ein Park beim Haus, nachahmend heilige Haine,
Balken, umkleidet mit Gold, Fliesen aus Marmorgestein?
Oder die Perlen des Roten Meeres, die Schnecke von Sidons
Küste, die mit dem Blut purpurn die Wolle uns färbt,
Und was im übrigen noch das Volk bewundert? Das alles
Weckt nur Neid: es begehrt Eitles die Menge zumeist.
Schätze erleichtern nicht den Sinn und die Sorgen der Menschen;
Über den Zeitlauf herrscht Schicksal nach eignem Gesetz.
Bist du bei mir, dann sei mir die Armut willkommen, Neära:
Ohne dich mag ich selbst Gnaden der Könige nicht.
O der strahlende Tag, an dem ich dich wiedergewönne!
O wie begrüß' ich das drei-, vierfach beglückende Licht!
Wenn aber nun mein Gott den Gelübden für deine ersehnte
Rückkehr streng sich verschließt und die Erhörung versagt,

nec me regna iuvant nec Lydius aurifer amnis
    nec quas terrarum sustinet orbis opes.   30
haec alii cupiant; liceat mihi paupere cultu
    securo cara coniuge posse frui.
adsis et timidis faveas, Saturnia, votis,
    et faveas concha, Cypria, vecta tua.
aut si fata negant reditum tristesque sorores,   35
    stamina quae ducunt quaeque futura neunt,
me vocet in vastos amnes nigramque paludem
    dives in ignava luridus Orcus aqua.

IV

Di meliora ferant, nec sint mihi somnia vera,
    quae tulit hesterna pessima nocte quies.
ite procul, vani, falsumque avertite visum:
    desinite in nobis quaerere velle fidem.
divi vera monent, venturae nuntia sortis   5
    vera monent Tuscis exta probata viris;
somnia fallaci ludunt temeraria nocte
    et pavidas mentes falsa timere iubent;
et natum in curas hominum genus omina noctis
    farre pio placant et saliente sale.   10
et tamen, utcumque est, sive illi vera moneri,
    mendaci somno credere sive volent,
efficiat vanos noctis Lucina timores
    et frustra inmeritum pertimuisse velit.
si mea nec turpi mens est obnoxia facto   15
    nec laesit magnos inpia lingua deos.

iam Nox aetherium nigris emensa quadrigis
    mundum caeruleo laverat amne rotas,
nec me sopierat menti deus utilis aegrae:
    Somnus sollicitas deficit ante domos.   20

Kann kein Königsthron mich erfreun, kein lydischer Goldstrom,
  Nichts was der Erdkreis uns sonst noch an Reichtümern beut.
Mögen die andren sich's wünschen! Mir sei es vergönnt, bei bescheidnem
  Wohlstand der Gattin mich sorglos, der lieben, zu freun!
Juno, stehe mir bei und erhör' meine bangen Gebete!
  Sei mir, Kypria, hold, fahrend im Muschelgespann!
Weigern die Rückkehr indes das Geschick und die düsteren Schwestern,
  Die unsre Fäden ziehn, spinnen das künftige Los,
Rufe mich bald zu den öden Gewässern, zum nächtigen Pfuhle
  Orcus, reich und fahl, herrschend am schleichenden Strom!

IV

Gäben die Götter doch Bessres! Die Träume seien nicht Wahrheit,
  Die in der gestrigen Nacht quälender Schlaf mir gebracht!
Trugbilder, geht von dannen! Entfernt die falschen Gesichte!
  Laßt davon ab, für euch Glauben zu suchen bei mir!
Wahrheit verkünden die Himmlischen; Wahrheit über die Zukunft
  Gibt das Geweide des Tiers tuskischen Sehern bekannt.
Aber die trügende Nacht durchgaukeln sinnlose Träume,
  Setzen das menschliche Herz fälschlich in Schrecken und Angst,
Und das zur Sorge geborne Geschlecht der Menschen beschwört das
  Grauen durch Opferschrot oder durch springendes Salz.
Aber, wie es auch sei, ob sie meinen, daß Wahrheit verkündet
  Wird, ob sie lughaftem Traum Glauben zu schenken gewillt,
Zeige Lucina nur, daß nichtig die Ängste der Nacht sind!
  Gebe sie, daß ich umsonst, grundlos gebebt und gebangt,
Falls meine Seele nicht strafbar geworden durch schmähliches Handeln,
  Ruchlos nicht mein Mund lästernd die Götter verletzt! —

Nacht schon hatte mit schwarzem Gespann durchmessen des Äthers
  Welt und die Räder getaucht tief in die dunkelnde Flut;
Aber der Gott, der dem kranken Gemüt hilft, brachte mir keine
  Sänftigung: Schlaf bleibt fern Häusern, wo Kümmernis herrscht.

tandem, cum summo Phoebus prospexit ab ortu,
  pressit languentis lumina sera quies.
hic iuvenis casta redimitus tempora lauro
  est visus nostra ponere sede pedem.
non illo quicquam formosius ulla priorum   25
  aetas humanum nec videt illud opus.
intonsi crines longa cervice fluebant,
  stillabat Syrio myrtea rore coma.
candor erat, qualem praefert Latonia Luna,
  et color in niveo corpore purpureus,   30
ut iuveni primum virgo deducta marito
  inficitur teneras ore rubente genas,
et cum contexunt amarantis alba puellae
  lilia et autumno candida mala rubent.
ima videbatur talis inludere palla,   35
  namque haec in nitido corpore vestis erat.
artis opus rarae, fulgens testudine et auro
  pendebat laeva garrula parte lyra.
hanc primum veniens plectro modulatus eburno
  felices cantus ore sonante dedit.   40
sed postquam fuerant digiti cum voce locuti,
  edidit haec tristi dulcia verba modo:
'salve, cura deum: casto nam rite poetae
  Phoebusque et Bacchus Pieridesque favent;
sed proles Semeles Bacchus doctaeque sorores   45
  dicere non norunt, quid ferat hora sequens:
at mihi fatorum leges aevique futuri
  eventura pater posse videre dedit.
quare, ego quae dico non fallax, accipe, vates,
  quodque deus vero Cynthius ore feram.   50
tantum cara tibi, quantum nec filia matri,
  quantum nec cupido bella puella viro,
pro qua sollicitas caelestia numina votis,
  quae tibi securos non sinit ire dies,

Endlich, als Phoebus bereits im Osten am Rande hervorsah,
   Drückte der Schlummer noch spät zu des Ermatteten Aug',
Und ein Jüngling, die Schläfe mit lauterem Lorbeer umwunden,
   Kam und setzte, so schien's, leise den Fuß auf mein Bett.
Nichts hat Schöneres je ein Geschlecht der früheren Zeiten
   Unter den Menschen gesehn, auch nicht die jetzige Welt.
Ungeschorenes Haar floß längs dem Nacken hernieder;
   Duftend von syrischem Öl troff ihm das schimmernde Haupt.
Licht entstrahlt' ihm, wie es der Mond, wenn er voll ist, verbreitet,
   Und um den schneeigen Leib zuckt' es von purpurner Glut,
Wie einer Jungfrau, wenn man dem künftigen Gatten sie zuführt,
   Plötzlich des Mundes Rot jäh auch die Wangen verfärbt,
Wie wenn die Mädchen mit Tausendschön verflechten die weißen
   Lilien oder im Herbst Äpfel sich schmücken mit Rot.
Unten, so schien es mir, umspielte ein Mantel die Knöchel;
   Denn ein solches Gewand lag um den glänzenden Leib,
Und, ein Gebilde von seltener Kunst, hing über die linke
   Schulter die Lyra herab, blinkend von Schildpatt und Gold.
Diese schlug er sogleich, als er kam, mit dem beinernen Griffel;
   Wohllaut strömte: sein Mund sang ein beglückendes Lied.
Aber nachdem seine Hand, seine Stimme die Weise beendet,
   Sprach er in traurigem Ton gütige Worte zu mir:
„Heil dir, Liebling der Götter! Denn rechtens schenken dem reinen
   Dichter Bacchus, Apoll, schenken die Musen ihm Huld.
Doch was die folgende Stunde uns bringt, das können die klugen
   Schwestern nicht sagen und auch Bacchus nicht, Semeles Sohn.
Mir aber hat es der Vater gegeben, des Schicksals Gesetze
   Schauen zu dürfen und was je in der Zukunft geschieht.
Deshalb vernimm, was ich nicht als trügender Seher dir sage,
   Was ich als kynthischer Gott künde mit wahrhaftem Mund!
Sie, die so teuer dir ist, wie weder die Tochter der Mutter
   Noch dem begehrenden Mann jemals ein liebliches Weib,
Sie, für die du die himmlischen Mächte bestürmst mit Gebeten,
   Sie, die dir sorglos nie läßt deine Tage vergehn,

et cum te fusco Somnus velavit amictu,   55
   vanum nocturnis fallit imaginibus,
carminibus celebrata tuis formosa Neaera
   alterius mavolt esse puella viri,
diversasque suas agitat mens inpia curas,
   nec gaudet casta nupta Neaera domo.   60
a crudele genus nec fidum femina nomen!
   a pereat, didicit fallere siqua virum!
sed flecti poterit — mens est mutabilis illis —
   tu modo cum multa bracchia tende fide.
saevus Amor docuit validos temptare labores,   65
   saevus Amor docuit verbera posse pati.
me quondam Admeti niveas pavisse iuvencas
   non est in vanum fabula ficta iocum.
tunc ego nec cithara poteram gaudere sonora
   nec similes chordis reddere voce sonos,   70
sed perlucenti cantum meditabar avena
   ille ego Latonae filius atque Iovis.
nescis, quid sit amor, iuvenis, si ferre recusas
   inmitem dominam coniugiumque ferum.
ergo ne dubita blandas adhibere querelas: 75
   vincuntur molli pectora dura prece.
quod si vera canunt sacris oracula templis,
   haec illi nostro nomine dicta refer:
hoc tibi coniugium promittit Delius ipse,
   felix hoc alium desine velle virum.'   80

dixit, et ignavus defluxit corpore somnus.
   a ego ne possim tanta videre mala!
nec tibi crediderim votis contraria vota
   nec tantum crimen pectore inesse tuo;
nam te nec vasti genuerunt aequora ponti   85
   nec flammam volvens ore Chimaera fero
nec canis anguinea redimitus terga caterva,

Die, sobald dich der Schlaf umgibt mit Hüllen des Dunkels,
    Dich im Wahne des Traums täuscht mit den Bildern der Nacht,
Die du in deinen Gedichten gefeiert, die schöne Neära,
    Wünscht eines anderen Manns liebende Freundin zu sein;
Ja, ihr treuloser Sinn ist entbrannt von fremdem Verlangen:
    Nicht im züchtigen Haus freut sie sich Gattin zu sein.
Ach, dies Geschlecht ist grausam: Untreue, Weib, ist dein Name!
    Gehe zugrunde, die je lernt, zu betrügen den Mann!
Aber sie kann sich noch wandeln — veränderlich sind sie ja alle —:
    Strecke mit großem Vertraun nur deine Arme nach ihr!
Amor ist streng: er lehrt uns gewaltige Mühsal bestehen;
    Amor ist streng: er lehrt dulden der Züchtigung Pein.
Daß ich einst für Admetus die weißen Rinder geweidet,
    Ist kein Schwank, der erdacht wurde zu törichtem Scherz.
Damals konnt' ich mich weder am Klang meiner Harfe erfreuen,
    Noch mit dem Saitenspiel mischen des Mundes Gesang,
Sondern ich mußt' auf durchleuchtetem Rohre mir Lieder ersinnen,
    Ich, der Latona, ich, Juppiters eigener Sohn!
Jüngling, du weißt nichts von Liebe, solang du dich sträubst zu ertragen
    Deiner Gebieterin Trotz, Leid um die Ehe mit ihr.
Zaudre drum nicht und stimme nur an deine schmeichelnden Klagen!
    Zärtliches Bitten besiegt auch ein gefühlloses Herz.
Und wenn die Sprüche der heiligen Tempel die Wahrheit verkünden,
    Trag' ihr im Namen Apolls diese Verkündigung zu:
Dir verheißt der Delier selbst den Bund dieser Ehe:
    Glücklich mit diesem Mann, wünsche den andren dir nicht!" —

Solches sprach er. Da wich mir vom Leibe der lähmende Schlummer.
    Weh mir! Hätt' ich doch nie solch einen Kummer erlebt!
Weder hätt' ich geglaubt, dein Wunsch sei dem meinen entgegen
    Noch daß der Treulosigkeit Schuld deinen Busen bewohnt.
Denn es erzeugten dich weder die Fluten des stürmischen Meeres
    Noch die Chimära, die Glut sprüht aus dem wütenden Maul,
Oder der Hund, dem ein Knäuel von Schlangen den Rücken umwindet,

cui tres sunt linguae tergeminumque caput,
Scyllaque virgineam canibus succincta figuram,
    nec te conceptam saeva leaena tulit,   90
barbara nec Scythiae tellus horrendave Syrtis,
    sed culta et duris non habitanda domus
et longe ante alias omnes mitissima mater
    isque pater quo non alter amabilior.
haec deus in melius crudelia somnia vertat   95
    et iubeat tepidos inrita ferre Notos.

V

Vos tenet, Etruscis manat quae fontibus unda,
    unda sub aestivum non adeunda Canem,
nunc autem sacris Baiarum proxima lymphis,
    cum se purpureo vere remittit humus.
at mihi Persephone nigram denuntiat horam: 5
    inmerito iuveni parce nocere, dea.
non ego temptavi nulli temeranda virorum
    audax laudandae sacra docere deae,
nec mea mortiferis infecit pocula sucis
    dextera nec cuiquam trita venena dedit,   10
nec nos sacrilegi templis amovimus aegros,
    nec cor sollicitant facta nefanda meum,
nec nos insanae meditantes iurgia mentis
    inpia in adversos solvimus ora deos,
et nondum cani nigros laesere capillos,   15
    nec venit tardo curva senecta pede.
natalem primo nostrum videre parentes,
    cum cecidit fato consul uterque pari.
quid fraudare iuvat vitem crescentibus uvis
    et modo nata mala vellere poma manu?   20
parcite, pallentes undas quicumque tenetis

Der drei Häupter mit drei drohenden Rachen uns zeigt,
Skylla nicht, die den Jungfernleib mit Hunden sich gürtet;
 Auch keiner Löwin Schoß hat dich geboren im Zorn,
Skythien nicht, das barbarische Land, noch die schreckliche Syrte.
 Nein, ein gepflegtes Heim, wo man nicht hartherzig ist,
Mit einer Mutter, die gütiger ist als die anderen alle,
 Und einem Vater, der mehr Liebe als andre verdient.
Mag denn ein Gott diesen grausamen Traum zum Besseren wenden!
 Ruf' er dem Südwind zu, daß er ins Nichts ihn verweht!

V

Euch umfängt nun das Bad, das entspringt aus etruskischer Quelle.
 Bad, das bei Hundstagsglut niemandem zugänglich ist,
Jetzt aber fast so schön wie die heiligen Wasser von Bajä,
 Wenn sich im strahlenden Lenz blühend erneuert das Land.
Mir aber kündigt Persephone an meine dunkelste Stunde.
 Schone den Jüngling noch, Göttin! Verdient er's doch nicht.
Niemals hab' ich gewagt, der Göttin heilig Geheimnis,
 Das man nicht straflos bricht, lästernd zu künden im Lied.
Niemals hat meine Hand todbringende Säfte den Bechern
 Beigegeben, und nie reichte sie jemandem Gift.
Niemals hab' ich die Kranken aus Tempeln frevelnd vertrieben;
 Keine abscheuliche Tat hat mir das Herz noch beschwert.
Niemals hab' ich nach Streit getrachtet rasenden Sinnes,
 Trotzend den Göttern noch nie ruchlos geöffnet den Mund.
Noch entstellt mein schwarzes Haar kein einziges graues;
 Krumm, mit schleichendem Fuß nahte das Alter noch nicht.
Meinen Geburtstag haben zuerst die Eltern gefeiert,
 Als die zwei Konsuln zugleich fielen durch gleiches Geschick.
Wozu dient es, der Rebe noch wachsende Trauben zu nehmen,
 Früchte, die eben entstehn, störend zu reißen vom Baum?
Schonet mich, Götter, die ihr an den blassen Wassern gebietet.

duraque sortiti tertia regna dei.
Elysios olim liceat cognoscere campos
    Lethaeamque ratem Cimmeriosque lacus,
cum mea rugosa pallebunt ora senecta   25
    et referam pueris tempora prisca senex.
atque utinam vano nequiquam terrear aestu!
    languent ter quinos sed mea membra dies.
at vobis Tuscae celebrantur numina lymphae
    et facilis lenta pellitur unda manu.   30
vivite felices, memores et vivite nostri,
    sive erimus seu nos fata fuisse velint.
interea nigras pecudes promittite Diti
    et nivei lactis pocula mixta mero.

VI

Candide Liber, ades — sic sit tibi mystica vitis
    semper, sic hedera tempora vincta feras —
aufer et ipse meum patera medicante dolorem:
    saepe tuo cecidit munere victus amor.
care puer, madeant generoso pocula baccho,   5
    et nobis prona funde Falerna manu.
ite procul, durum curae genus, ite labores:
    fulserit hic niveis Delius alitibus.
vos modo proposito dulces faveatis amici,
    neve neget quisquam me duce se comitem,   10
aut si quis vini certamen mite recusat,
    fallat eum tecto cara puella dolo.
ille facit dites animos deus, ille ferocem
    contudit et dominae misit in arbitrium,
Armenias tigres et fulvas ille leaenas   15
    vicit et indomitis mollia corda dedit.
haec Amor et maiora valet. sed poscite Bacchi

Die ihr das fühllose Reich drunten, das dritte, erwählt!
Möcht' ich dereinst die elysischen Felder der Seligen schauen,
Fahren in Lethes Boot über den dunkelsten See,
Wenn mir im runzligen Greisenalter die Lippen erblassen
Und ich den Knaben als Greis rühme die frühere Zeit!
Wenn mich doch jetzt nur vergeblich ein nichtiges Fieber erschreckte!
Doch schon dreimal fünf Tage verschmachtet mein Leib.
Ihr aber huldigt jetzt den Geistern des tuskischen Wassers,
Und mit gelassener Hand schlagt ihr die Fluten des Sees.
Lebt denn glücklich, und lebt, indem ihr meiner gedenket,
Ob ich nun bleib' oder mir Abschied das Schicksal bestimmt!
Wollet inzwischen dem Dis schwarzfarbene Schafe geloben,
Dazu schäumende Milch, die ihr mit Wein untermischt!

VI

Strahlender Bacchus, erscheine, — so wahr dir die mystische Rebe
Eignet, das Efeugewind immer die Stirne dir krönt!
Reiche mir selbst den Heiltrank! Nimm sie mir ab, diese Schmerzen!
Amor wird oft von der Macht deines Geschenkes besiegt. —
Komm, mein Junge, und fülle die Becher mit edelstem Weine!
Komm! Mit geübter Hand gieße Falerner uns ein!
Hebt euch hinweg, ihr quälenden Sorgen! Entferne dich, Mühsal!
Leuchtend im Schwanengespann nahe der delische Gott!
Ihr aber, teuerste Freunde, zeigt euch geneigt meinem Plane!
Keiner verweigere mir Folgschaft: ich gehe voran!
Wenn aber einer verneint des Weintrunks heiteren Wettstreit,
Den, mit verstecktem Betrug, möge sein Lieb hintergehn!
Jener Gott bereichert die Geister; den Trotzigen stößt er
Nieder und zwingt ihn zu tun, was die Gebieterin wünscht.
Er unterjocht die armenischen Tiger, die goldenen Löwen:
Tieren, die niemand zähmt, gibt er ein zärtliches Herz.
Solches und mehr kann Amor. Doch ihr sollt rufen nach Bacchus'

munera: quem vestrum pocula sicca iuvant?
convenit ex aequo nec torvus Liber in illis,
    qui se quique una vina iocosa colunt.   20
convenit iratus nimium nimiumque severos:
    qui timet irati numina magna, bibat.
quales his poenas qualis quantusque minetur,
    Cadmeae matris praeda cruenta docet.
sed procul a nobis hic sit timor, illaque, si qua est,   25
    quid valeat laesi sentiat ira dei.
quid precor a, demens? venti temeraria vota,
    aeriae et nubes diripienda ferant.
quamvis nulla mei superest tibi cura, Neaera,
    sis felix, et sint candida fata tua.   30
at nos securae reddamus tempora mensae:
    venit post multos una serena dies.
ei mihi, difficile est imitari gaudia falsa,
    difficile est tristi fingere mente iocum,
nec bene mendaci risus conponitur ore,   35
    nec bene sollicitis ebria verba sonant.
quid queror infelix? turpes discedite curae:
    odit Lenaeus tristia verba pater.
Gnosia, Theseae quondam periuria linguae
    flevisti ignoto sola relicta mari: 40
sic cecinit pro te doctus, Minoi, Catullus
    ingrati referens inpia facta viri.
vos ego nunc moneo: felix, quicumque dolore
    alterius disces posse cavere tuo.
nec vos aut capiant pendentia bracchia collo   45
    aut fallat blanda sordida lingua fide.
etsi perque suos fallax iuravit ocellos
    Iunonemque suam perque suam Venerem,
nulla fides inerit: periuria ridet amantum
    Iuppiter et ventos inrita ferre iubet.   50
ergo quid totiens fallacis verba puellae

Gaben; denn wen von euch freut wohl ein leeres Gefäß?!
Gilt es doch Bacchus gleich, und er ist nicht heikel, wenn jemand
Denkt an sich selbst und zugleich an den geselligen Trunk.
Dem aber gilt sein Zorn, der immer und immer nur grübelt:
Wer seines Zornes Gewalt fürchtet, der trinke nur ja!
Was für Strafen Verächtern des mächtigen Gottes bevorstehn,
Lehrt uns Pentheus, auf den rasend die Mutter sich stürzt.
Fern aber sei diese Furcht von uns! Nur sie soll es spüren,
Was dieses Gottes Zorn, wenn er gekränkt ist, vermag!
Ach, was erbitt' ich im Wahnwitz?! Winde und eilende Wolken
Mögen den sinnlosen Wunsch gleich in die Lüfte zerstreun!
Ist dir auch keinerlei Sehnsucht nach mir geblieben, Neära, —
Glücklich seist du, es sei licht deines Lebens Geschick! —
Wir aber wollen die Zeit jetzt widmen dem sorglosen Mahle:
Kam doch nach soviel Leid endlich ein heiterer Tag. —
Ach, aber wehe mir! Schwer ist es, künstliche Freude zu heucheln,
Schwer, bei traurigem Sinn heiter zu scheinen und froh.
Mißlich klingt aus lughaftem Mund ein gemachtes Gelächter,
Mißlich dem, der sich grämt, trunkener Leute Geschwätz.
Aber was klag' ich Unseliger? Weicht, ihr marternden Sorgen!
Sind doch dem Schöpfer des Weins traurige Reden verhaßt.
Kreterin, einstmals einsam gelassen am fremden Gestade,
Weintest du, weil dein Gemahl Theseus des Eides vergaß:
So hat Catull dich, Tochter des Minos, wissend besungen,
Hat deines treulosen Manns schnödes Verhalten erzählt.
Ich aber künd' euch jetzt: Heil jedem, der aus dem Leide
Andrer zu lernen vermag, wie er sich selber bewahrt!   [gen!
Laßt euch von Armen nicht fangen, die zärtlich den Hals euch umschlin-
Leiht eines schmeichelnden Munds trügendem Wort nicht Gehör!
Hat sie euch auch bei den eigenen Augen heuchelnd geschworen,
Ob sie auf Juno sich gar oder auf Venus beruft,
Treue gibt's nicht dabei: es belacht der Liebenden Meineid
Juppiter, ja, er befiehlt, daß ihn die Winde verwehn.
Warum beklag' ich denn also so oft die Worte des falschen

conqueror? ite a me, seria verba, precor.
quam vellem tecum longas requiescere noctes
    et tecum longos pervigilare dies,
perfida nec merito nobis inimica merenti,   55
    perfida, sed, quamvis perfida, cara tamen!
Naida Bacchus amat: cessas, o lente minister?
    temperet annosum Marcia lympha merum.
non ego, si fugit nostrae convivia mensae
    ignotum cupiens vana puella torum,   60
sollicitus repetam tota suspiria nocte:
    tu puer, i, liquidum fortius adde merum.
iam dudum Syrio madefactus tempora nardo
    debueram sertis inplicuisse comas.

Mädchens? Ich bitt' euch nun, Klagegesänge, entweicht! —
Ach, wie wünscht' ich mit dir die langen Nächte zu ruhen,
  Wünschte, den langen Tag auch zu durchwachen mit dir,
Treulose du, die mit Unrecht jetzt meine Feindin geworden,
  Treulose, doch, obschon treulos, geliebt und ersehnt! —
Bacchus liebt die Najade: was säumst du, lässiger Junge?
  Gieß' dem bejahrten Wein milderndes Wasser hinzu!
Ich aber, wenn nun das törichte Mädchen unser Gelage
  Meidet und unseren Tisch, fremde Umarmung begehrt,
Werde die Nacht hindurch nicht ruhlos liegen und seufzen!
  Geh denn, Junge, und schaff stärkeren Wein uns herbei!
Längst schon hätte ich mir die Schläfe mit syrischer Narde
  Netzen sollen, ums Haupt schlingen ein Blumengewind!

Liber quartus

I

Te, Messalla, canam, quamquam me cognita virtus
terret: ut infirmae nequeant subsistere vires,
incipiam tamen. ac meritas si carmina laudes
deficiant, humilis tantis sim conditor actis,
nec tua praeter te chartis intexere quisquam   5
facta queat, dictis ut non maiora supersint.
est nobis voluisse satis, nec munera parva
respueris. etiam Phoebo gratissima dona
Cres tulit, et cunctis Baccho iucundior hospes
Icarus, ut puro testantur sidera caelo   10
Erigoneque Canisque, neget ne longior aetas.
quin etiam Alcides, deus adscensurus Olympum,
laeta Molorcheis posuit vestigia tectis,
parvaque caelestis placavit mica, nec illis
semper inaurato taurus cadit hostia cornu.   15
hic quoque sit gratus parvos labor, ut tibi possim
inde alios aliosque memor conponere versus.
    alter dicat opus magni mirabile mundi,
qualis in inmenso desederit aere tellus,
qualis et in curvom pontus confluxerit orbem,   20
et vagus, e terris qua surgere nititur, aer,
huic et contextus passim fluat igneus aether,
pendentique super claudantur ut omnia caelo:
at, quodcumque meae poterunt audere Camenae,
seu tibi par poterunt seu, quod spes abnuit, ultra   25

DAS VIERTE BUCH

Ungenannter Verfasser: An Messalla

I

Dich will ich singen, Messalla, wiewohl mich der Ruf deines Wertes
Schreckt: und sind auch die schwachen Kräfte dem Werk nicht gewachsen,
Will ich dennoch beginnen, ja, fehlt es an Liedern verdientem
Lobe, so sei ich so großer Taten bescheidener Sänger,
Und es brächte wohl niemand außer dir deine Taten
So zu Papier, daß das Wort nicht weit dahinter zurückbleibt.
Mir genügt es, es zu wollen: du weisest nicht die geringe
Gabe zurück; auch für Phoebus brachte der Kreter willkommne
Spenden, als Gastfreund war dem Bacchus lieber als alle
Icarus, wie am klaren Himmel Gestirne bezeugen:
Neben dem Hund Erigone, daß es die Nachwelt nicht leugne.
Auch der Alcide sogar, der als Gott zum Olymp dann emporstieg,
Setzte den Fuß mit Freuden unter das Dach des Molorchus.
Schon ein winziges Körnlein versöhnte die Götter: nicht immer
Fällt als Opfer für sie ein Stier mit vergoldetem Horne.
Auch diese kleine Arbeit sei dir genehm, daß ich künftig
Wieder und wieder zum Dank dir Verse darbringen könne!
    Schildre ein andrer das Wunderwerk des gewaltigen Weltalls,
Wie die Erde verharrt in den unausmeßbaren Lüften,
Wie das Meer sich ergossen hat im geschwungenen Bogen
Und wie die wehende Luft vom Boden zu steigen bestrebt ist
Und dann gepaart mit ihr der feurige Äther umherwogt,
Wie das Ganze beschließt der darüber hangende Himmel!
Doch, was meine Camenen auch je zu wagen vermögen,
Ob dir Ebenbürtiges — Hoffnung verneint es —, ob Größres

sive minus — certeque canent minus —, omne vovemus
hoc tibi, nec tanto careat mihi carmine charta.
nam quamquam antiquae gentis superant tibi laudes,
non tua maiorum contenta est gloria fama,
nec quaeris, quid quaque index sub imagine dicat,   30
sed generis priscos contendis vincere honores,
quam tibi maiores maius decus ipse futuris:
at tua non titulus capiet sub nomine facta,
aeterno sed erunt tibi magna volumina versu,
convenientque tuas cupidi conponere laudes   35
undique quique canent vincto pede quique soluto.
quis potius, certamen erit: sim victor in illis,
ut nostrum tantis inscribam nomen in actis.
   nam quis te maiora gerit castrisve forove?
nec tamen hic aut hic tibi laus maiorve minorve,   40
iusta pari premitur veluti cum pondere libra,
prona nec hac plus parte sedet nec surgit ab illa.
qualis, inaequatum si quando onus urget utrimque.
instabilis natat alterno depressior orbe.
   nam seu diversi fremat inconstantia volgi,   45
non alius sedare quear; seu iudicis ira
sit placanda, tuis poterit mitescere verbis.
non Pylos aut Ithace tantos genuisse feruntur
Nestora vel parvae magnum decus urbis Ulixem,
vixerit ille senex quamvis, dum terna per orbem   50
saecula fertilibus Titan decurreret horis,
ille per ignotas audax erraverit urbes,
qua maris extremis tellus includitur undis.
nam Ciconumque manus adversis reppulit armis,
nec valuit lotos coeptos avertere cursus,   55
cessit et Aetnaeae Neptunius incola rupis
victa Maroneo foedatus lumina baccho,
vexit et Aeolios placidum per Nerea ventos,
incultos adiit Laestrygonas Antiphatenque,

Oder Geringres, — gewiß ist ihr Lied geringer — ich weihe
Dir dies alles: so hohen Gesangs soll mein Buch nicht ermangeln!
Denn, wiewohl dir der Ruhm eines alten Hauses vererbt ward,
Ist deine Ehre doch nicht mit dem Lob der Ahnen zufrieden,
Fragst nicht, was unter jedem Standbild die Aufschrift besage,
Sondern du strebst zu besiegen den früheren Glanz des Geschlechtes,
Enkeln höheren Ruhm zu vermachen als dir deine Ahnen;
Doch nicht die Inschrift nur unterm Namen rühme die Taten:
Große Bücher sollen in ewigen Versen dich feiern!
Wer nur dein Lob zu verkünden gewillt ist, komme von allen
Seiten und sing' in gebundener Rede oder in freier!
Streit wird sein, wer es besser kann: o wär' ich der Sieger,
Daß ich den eigenen Namen so mächtigen Taten verbände!
Denn wer vollbringt wohl Größres als du im Feld, auf dem Forum?
Doch weder hier noch dort ist größer dein Lob oder kleiner,
Wie eine richtige Waage, wenn gleiches Gewicht sie belastet,
Weder sich senkt nach der einen Seite noch steigt nach der andren,
Wie wenn auf beiden Seiten von ungleicher Last sie beschwert ist,
Unbeständig sie schwankt und die Schalen wechselnd sich senken.
Denn wenn die launische Menge in jäher Veränderung aufbraust,
Kann kein andrer sie zähmen, und wenn es den Zorn eines Richters
Gilt zu versöhnen, so kann er bei deinen Worten sich mildern.
Pylos und Ithaka, sagt man, gebaren keine so großen
Männer in Nestor oder der Zierde der Kleinstadt Odysseus,
Lebte auch jener als Greis, bis Titan auf der Fahrt durch das Weltall
Dreimal ein Menschenalter durchlief mit den schaffenden Horen.
Irrte auch dieser verwegen durch unbekannte Gebiete
Dort, wo die äußersten Fluten des Meeres das Erdreich umschließen.
Denn er warf die Schar der Kikonen zurück mit den Waffen;
Auch der Lotos vermocht' ihn auf seiner Fahrt nicht zu hemmen;
Ihm erlag der Bewohner der Höhle am Ätna, Neptuns Sohn,
Der, vom maronischen Wein überwältigt, der Augen beraubt ward;
Er hat auch Aeolus' Winde geführt durch die friedliche Meerflut,
Kam zu den Laestrygonen, Antiphates' wütendem Volke,

nobilis Artacie gelida quos inrigat unda,   60
solum nec doctae verterunt pocula Circes,
quamvis illa foret Solis genus, apta vel herbis
aptaque vel cantu veteres mutare figuras;
Cimmerion etiam obscuras accessit ad arces,
quis numquam candente dies adparuit ortu,   65
seu supra terras Phoebus seu curreret infra.
vidit, ut inferno Plutonis subdita regno
magna deum proles levibus discurreret umbris,
praeteriitque cita Sirenum litoria puppi.
illum inter geminae nantem confinia mortis   70
nec Scyllae saevo conterruit impetus ore,
cum canibus rabidas inter fera serperet undas,
nec violenta suo consumpsit more Charybdis,
vel si sublimis fluctu consurgeret imo,
vel si interrupto nudaret gurgite pontum.   75
non violata vagi sileantur pascua Solis,
non amor et fecunda Atlantidos arva Calypsus,
finis et erroris miseri Phaeacia tellus.
atque haec seu nostras inter sunt cognita terras,
fabula sive novom dedit his erroribus orbem,   80
sit labor illius, tua dum facundia, maior.
    nam te non alius belli tenet aptius artes,
qua deceat tutam castris praeducere fossam,
qualiter adversos hosti defigere cervos,
quemve locum ducto melius sit claudere vallo.   85
fontibus ut dulces erumpat terra liquores,
ut facilisque tuis aditus sit et arduus hosti,
laudis et adsiduo vigeat certamine miles,
quis tardamve sudem melius celeremve sagittam
iecerit aut lento perfregerit obvia pilo,   90
aut quis equom celeremve arto conpescere freno
possit et effusas tardo permittere habenas,
inque vicem modo derecto contendere passu,

Wo der berühmten Quelle Artacia Fluten entspringen;
Ihn nur verwandelte nicht der Trank der Zauberin Circe,
Und sie war doch aus Sols Geschlecht, war fähig, durch Kräuter,
Fähig, auch durch Gesang zu verändern die alten Gestalten;
Auch der Cimmerier finstere Burgen hat er erstiegen,
Denen das strahlende Licht des Tages niemals erschienen,
Gleich ob Phoebus über der Erde fuhr oder drunter,
Sah, wie, verborgen in Plutos unterirdischen Reichen,
Götterentsprossene Schar als luftige Schatten umherlief,
Fuhr mit beeiltem Kiel am Strand der Sirenen vorüber;
Als er zwischen den Grenzen von zweierlei Toden dahinschwamm,
Schreckte ihn weder der wütende Angriff des Rachens der Skylla,
Als sie wild mit den Hunden die wütende Brandung durchtauchte,
Noch verschlang ihn auf ihre Weise die grause Charybdis,
Ob sie nun hoch sich erhob empor aus flutender Tiefe,
Oder ob sie das Meer der sich brechenden Brandung beraubte;
Auch nicht verschwiegen werde Sols überwältigte Herde,
Liebe und prangende Flur der Atlastochter Kalypso
Und das phäakische Land als Ende der schrecklichen Irrfahrt!
Aber es sei nun, daß dies in unseren Landen erlebt ward,
Oder daß Fabel ersann einen neuen Schauplatz der Irrfahrt,
Deine Beredsamkeit ist, wie sehr sie sich plagte, doch größer.

Dann: kein andrer beherrscht genauer die Künste des Krieges:
Wie man am besten das Lager umzieht mit dem schützenden Graben,
Wie man gegen den Feind die spanischen Reiter verankert,
Welchen Platz es ratsamer sei mit dem Wall zu umschließen
So, daß der Boden erquickendes Wasser aus Quellen läßt springen,
Und daß den Deinen der Zugang bequem sei, dem Feinde beschwerlich,
Frisch die Soldaten seien zum ständigen Kampf um die Ehre,
Wer den langsamen Pfahl, wer besser die eiligen Pfeile
Abschießt oder den Widerstand bricht mit dem schweren Geschosse,
Wer das stürmische Pferd mit gestrafftem Zaume zu zähmen
Weiß, dem zögernden aber gelockerte Zügel zu lassen,
Wechselweise bald im geraden Laufe zu eilen

seu libeat, curvo brevius convertere gyro.
quis parma, seu dextra velit seu laeva, tueri,   95
sive hac sive illac veniat gravis impetus hastae
amplior, aut signata cita loca tangere funda.
iam simul audacis venient certamina Martis,
adversisque parent acies concurrere signis,
tum tibi non desit faciem conponere pugnae,   100
seu sit opus quadratum acies consistat in agmen.
rectus ut aequatis decurrat frontibus ordo.
seu libeat duplicem seiunctim cernere Martem,
dexter uti laevom teneat dextrumque sinister
miles sitque duplex gemini victoria casus.   105
    at non per dubias errant mea carmina laudes:
nam bellis experta cano. testis mihi victae
fortis Iapydiae miles, testis quoque fallax
Pannonius gelidas passim disiectus in Alpes,
testis Arupinis et pauper natus in arvis,   110
quem siquis videat vetus ut non fregerit aetas,
terna minus Pyliae miretur saecula famae.
namque senex longae peragit dum tempora vitae,
centum fecundos Titan renovaverit annos,
ipse tamen velox celerem super edere corpus   115
audet equom validisque sedet moderator habenis.
te duce non alias conversus terga † domator
libera Romanae subiecit colla catenae.
    nec tamen his contentus eris: maiora peractis
instant, compertum est veracibus ut mihi signis,   120
quis Amythaonius nequeat certare Melampus.
nam modo fulgentem Tyrio subtegmine vestem
indueras oriente die duce fertilis anni,
splendidior liquidis cum Sol caput extulit undis
et fera discordes tenuerunt flamina venti   125
curva nec adsuetos egerunt flumina cursus,
quin rapidum placidis etiam mare constitit undis,

Oder, wenn's nottut, kürzer im krummen Bogen zu schwenken,
Wer mit dem Schild, wenn er rechts oder links will, solle sich wenden.
Komme von hier oder da der schwere Anprall der Lanze,
Oder bezeichnete Ziele treffen mit eiliger Schleuder.
Doch sobald nun des kühnen Krieges Entscheidungen fallen
Und sich die Schlachtreihen schon mit feindlichen Zeichen berennen,
Fehlt es dir nicht an der Kraft, die Gestaltung des Kampfes zu leiten,
Mag es nun nötig sein, im Viereck die Reihen zu stellen,
Daß in gerichteter Front gradeaus sich die Ordnung bewege,
Oder ob's besser erscheint, zwei Treffen gesondert zu bilden.
Daß der rechte den linken wirft und der linke den rechten
Flügel und zwiefacher Sieg dem verdoppelten Heere zuteil wird.
    Aber nicht schweift mein Gesang dahin durch ein fragliches Loblied;
Denn ich besinge im Krieg Erprobtes; dafür hab' ich Zeugen:
Iapydiens tapfres, besiegtes Heer und die Arglist
Der Pannonier, die in die eisigen Alpen gejagt sind,
Und der Soldat, der arm im Land um Arupium aufwuchs:
Wer es sieht, wie wenig das Alter die Kraft ihm gebrochen,
Wird die drei Menschenalter des Pyliers kaum noch bestaunen.
Während der Greis die Frist eines langen Lebens durchwandert,
Während Titan ihm hundert ergiebige Jahre geschenkt hat,
Wagt er es doch, zu werfen aufs eilende Pferd den behenden
Leib, sitzt fest und weiß es mit kräftigem Zügel zu lenken.
Er, der Bezwinger, der nie den Rücken zur Flucht noch gewandt hat,
Bog, unter deinem Befehl, den Hals dem römischen Joche.
    Doch selbst dies wird dir nicht genügen; größere Taten
Stehen bevor: mir wurden davon untrügliche Zeichen,
Auch Amythaons Sohn Melampus wüßte nicht bessre.
Denn du hattest das Prachtgewand mit den purpurnen Fäden
Eben dir angetan bei Beginn des gesegneten Jahres,
Als die strahlende Sonne ihr Haupt erhob aus den Wassern,
Und es verhielten die feindlichen Stürme ihr wildes Gebrause,
Und im gewohnten Laufe bewegten die Flüsse sich nicht mehr,
Selbst die Brandung des Meeres verebbte in friedlichen Wellen,

nulla nec aerias volucris perlabitur auras
nec quadrupes densas depascitur aspera silvas,
quin largita tuis sunt muta silentia votis.   130
Iuppiter ipse levi vectus per inania curru
adfuit et caelo vicinum liquit Olympum
intentaque tuis precibus se praebuit aure
cunctaque veraci capite adnuit: additus aris
laetior eluxit structos super ignis acervos.   135
   quin hortante deo magnis insistere rebus
incipe: non idem tibi sint aliisque triumphi.
non te vicino remorabitur obvia Marte
Gallia nec latis audax Hispania terris
nec fera Theraeo tellus obsessa colono,   140
nec qua vel Nilus vel regia lympha Choaspes
profluit aut rapidus, Cyri dementia, Gyndes
aret Arecteis haud una per ostia campis,
nec qua regna vago Tamyris finivit Araxe,
inpia nec saevis celebrans convivia mensis   145
ultima vicinus Phoebo tenet arva Padaeus,
quaque Hebrus Tanaisque Getas rigat atque Magynos.
quid moror? Oceanus ponto qua continet orbem,
nulla tibi adversis regio sese offeret armis.
te manet invictus Romano Marte Britannus   150
teque interiecto mundi pars altera sole.
   nam circumfuso consistit in aere tellus
et quinque in partes toto disponitur orbe.
atque duae gelido vastantur frigore semper:
illic et densa tellus absconditur umbra,   155
et nulla incepto perlabitur unda liquore,
sed durata riget densam in glaciemque nivemque,
quippe ubi non umquam Titan super egerit ortus.
at media est Phoebi semper subiecta calori,
seu propior terris aestivom fertur in orbem   160
seu celer hibernas properat decurrere luces.

Auch kein Vogel mehr glitt dahin durch die wehenden Lüfte,
Und auch kein vierfüßig Wild benagte die Bäume der Wälder:
Alles verharrte in tiefstem Schweigen bei deinen Gebeten.
Juppiter selbst im leichten Wagen fuhr durch die Räume,
Kam und verließ den Olymp, der benachbart ist mit dem Himmel.
Und er wandte mit offenem Ohr sich deinem Gebet zu,
Nickte mit wahrhaftem Antlitz Gewährung, und auf den Altären
Flammte erfreuendes Feuer empor aus geschichteten Scheiten.
Da denn der Gott dich mahnt, so hege auf großes Geschehen
Hoffnung: größre Triumphe als anderen sind dir beschieden.
Mars ist dir nahe, und drum wird dir feindlich den Weg nicht versperren
Gallien, Spanien nicht, das kühne, mit weiten Gefilden,
Nicht das wilde Gebiet, das theräische Siedler bewohnen,
Nicht wo der Nil oder wo die Königsflut des Choaspes
Fließen oder der reißende Gyndes, dem Cyrus gezürnt hat,
Der nun, verteilt in Kanäle, vertrocknet in Babylons Feldern.
Nicht wo Tamyris Reich des Araxes Fluten begrenzen,
Nicht der Padäer, der frevle Gelage begeht an grausamen Tischen
Und, dem Phoebus benachbart, die fernsten Lande besetzt hält,
Hebrus und Tanais nicht, Magyner und Geten bewässernd.
Aber was red' ich? Soweit die See das Erdreich umfaßt hält,
Tritt kein einziges Land dir mit feindlichen Waffen entgegen.
Deiner harrt der vom römischen Mars nicht besiegte Britanne,
Dein der andere Teil der Welt, wenn die Sonne dort hinkommt.
Denn die Erde verharrt in der Luft, die rings sich ergossen,
Und ihr gesamter Bereich ist in fünf Gebiete gegliedert.
Deren zwei vom eisigen Froste beständig verheert sind:
Dort ist die Erde gehüllt in undurchdringliches Dunkel;
Kein Gewässer kann je einer sprudelnden Quelle entspringen;
Alles ist starr und verhärtet zu Schnee und ewigem Eise,
Da Titan dort niemals empor am Himmel gestiegen.
Aber der mittelste Teil ist Phoebus' Glut unterworfen,
Gleich ob er, näher der Erde, im Kreise des Sommers dahinfährt
Oder in eiligem Lauf verkürzt sein winterlich Leuchten.

non igitur presso tellus exsurgit aratro,
nec frugem segetes praebent neque pabula terrae;
non illic colit arva deus, Bacchusve Ceresve.
nulla nec exustas habitant animalia partes.   165
fertilis hanc inter posita est interque rigentes
nostraque et huic adversa solo pars altera nostro.
quas similes utrimque tenens vicinia caeli
temperat, alter et alterius vires necat aer:
hinc placidus nobis per tempora vertitur annus.   170
hinc et colla iugo didicit submittere taurus
et lenta excelsos vitis conscendere ramos.
tondeturque seges maturos annua partus,
et ferro tellus, pontus confinditur aere.
quin etiam structis exsurgunt oppida muris.   175
ergo ubi per claros ierint tua facta triumphos.
solus utroque idem diceris magnus in orbe.

   non ego sum satis ad tantae praeconia laudis,
ipse mihi non si praescribat carmina Phoebus.
est tibi, qui possit magnis se accingere rebus,   180
Valgius: aeterno propior non alter Homero.
languida non noster peragit labor otia, quamvis
Fortuna, ut mos est illi, me adversa fatiget.
nam mihi, cum magnis opibus domus alta niteret.
cui fuerant flavi ditantes ordine sulci   185
horrea fecundas ad deficientia messis,
cuique pecus denso pascebant agmine colles.
et domino satis et nimium furique lupoque,
nunc desiderium superest: nam cura novatur,
cum memor ante actos semper dolor admonet annos.   190
sed licet asperiora cadant spolierque relictis,
non te deficient nostrae memorare Camenae.
nec solum tibi Pierii tribuentur honores:
pro te vel rapidas ausim maris ire per undas,
adversis hiberna licet tumeant freta ventis.   195

Niemals erhebt sich beim Druck des Pfluges die fruchtbare Scholle;
Saaten ergeben nicht Korn und keinerlei Nahrung der Boden;
Niemals pflegt dort die Fluren ein Gott, nicht Bacchus, nicht Ceres,
Und kein lebendes Wesen bewohnt die verbrannten Gebiete.
Fruchtbar liegt zwischen heißer und eisiger unsere Zone;
Ihr entspricht eine zweite, entgegengesetzt unserm Lande:
Ähnlich sind sie, von beiden Seiten gemäßigt durch Himmels
Nachbarschaft; andere Luft hält fern die Wirkung der andren.
Daher verläuft uns das Jahr mit seinen Gezeiten so freundlich;
Daher lernt es der Stier, dem Joch seinen Nacken zu beugen,
Lernt die schmiegsame Rebe, empor an den Stangen zu ranken,
Werden die jährlichen Saaten gemäht als reifende Ernten,
Wird mit dem Eisen die Erde gefurcht, mit dem Kiele die Meerflut,
Ja, auch Städte steigen empor mit ragenden Mauern.
Also, sobald deine Taten zu hehren Triumphen dich führen,
Wirst du in beiden Bereichen zu gleichem Ruhme gelangen.
   Ich bin nicht stark genug, so strahlendes Lob zu verkünden,
Wenn nicht Phoebus Apollo selbst die Lieder mir eingibt.
Einen hast du, der könnte so hohen Zielen sich weihen:
Valgius steht Homer, dem unsterblichen, nahe wie keiner.
Meine Bemühung versäumt sich nicht in lässiger Muße,
Wie mich das Schicksal auch, nach seiner Gewohnheit, bedränge.
Denn wenn mir früher ein Landsitz glänzte mit reichlicher Habe,
Wo die goldenen Äcker in üppiger Fülle sich dehnten,
Daß es an Scheunen gebrach, zu bergen die fruchtbaren Ernten,
Wo auf den Hügeln grasten die Herden in dichtem Gedränge,
Und für den Herrn war's genug und zuviel für Diebe und Wölfe,
Bleibt mir nur meine Sehnsucht jetzt, ja, der Kummer erneut sich
Stets, wenn Erinnerung schmerzlich die früheren Zeiten hervorruft.
Mag mich jedoch noch Härteres treffen und alles mir rauben,
Meine Camenen lassen nicht ab, deine Größe zu rühmen!
Nicht die musischen Ehren allein aber will ich dir zollen:
Wollt' ich für dich doch reißende Meeresfluten durchqueren,
Mag die Brandung auch winterlich schwellen bei widrigen Winden;

pro te vel densis solus subsistere turmis
vel parvom Aetnaeae corpus conmittere flammae.
sum quodcumque, tuom est. nostri si parvola cura
sit tibi, quanta libet, si sit modo, non mihi regna
Lydia, non magni potior sit fama Gylippi,   200
posse Meleteas nec mallem vincere chartas.
quod tibi si versus noster, totusve minusve,
vel bene sit notus summo vel inerret in ore,
nulla mihi statuent finem te fata canendi.
quin etiam mea tunc tumulus cum texerit ossa,   205
seu matura dies celerem properat mihi mortem,
longa manet seu vita, tamen, mutata figura
seu me finget equom rigidos percurrere campos
doctum seu tardi pecoris sim gloria taurus
sive ego per liquidum volucris vehar aera pennis,   210
quandocumque hominem me longa receperit aetas,
inceptis de te subtexam carmina chartis.

II

Sulpicia est tibi culta tuis, Mars magne, kalendis:
     spectatum e caelo, si sapis, ipse veni.
hoc Venus ignoscet: at tu, violente, caveto,
     ne tibi miranti turpiter arma cadant.
illius ex oculis, cum volt exurere divos,   5
     accendit geminas lampadas acer Amor.
illam, quicquid agit, quoquo vestigia movit,
     conponit furtim subsequiturque Decor.
seu soluit crines, fusis decet esse capillis,
     seu compsit, comptis est veneranda comis.   10

Werfen wollt' ich für dich mich auf dichte Haufen der Feinde
Oder den schwachen Leib des Ätnas Brand überlassen.
Dein ist, was ich auch bin. Und kannst du nur wenig um mich dich
Kümmern, tust du es nur, soweit dir's beliebt, soll der Reichtum
Lydiens nicht noch der Ruhm des Gylippus höher mir gelten,
Nicht die Kunst, den Dichter vom Meles im Lied zu besiegen.
Wäre dir drum mein Gedicht, im ganzen oder zum Teil nur,
Schon bekannt und genehm und träte dir je auf die Lippen,
Wird kein Schicksalsschlag mich bestimmen, vom Liede zu lassen.
Ja, auch dann, wenn meine Gebeine vom Hügel bedeckt sind,
Sei nun zu baldiger Frist ein eilender Tod mir beschieden,
Sei's, daß ein längeres Leben mir bleibt, sei's, daß ich, verwandelt,
In der Gestalt des gelehrigen Rosses die Steppen durcheile
Oder als Stier, eine Zierde der trägen Herde, mich tummle
Oder als Vogel auf Schwingen segle durch wehende Lüfte, —
Wenn eine spätere Zeit als Menschen mich wiederum aufnimmt,
Werd' ich Gesänge auf dich an die früher begonnenen knüpfen.

Albius Tibullus: Cerinthus und Sulpicia

II

Mächtiger Mars, Sulpicias Schmuck gilt dir, deinem Festtag:
    Komm, wenn du klug, sie zu schaun, selbst aus dem Himmel herab!
Dies wird Venus verzeihn; du, Heftiger, aber sei wachsam,
    Daß vor Bewunderung nicht schimpflich das Schwert dir entsinkt!
Augen hat sie, daran, wenn er Götter gedenkt zu entflammen,
    Amor, der feurige, gern setzt seine Fackeln in Brand.
Was sie auch immer betreibt, wohin sie die Füße auch setze,
    Liebreiz schmückt sie geheim, Liebreiz geleitet sie stets.
Löst sie die Locken, so dient das wallende Haar ihr zur Zierde,
    Flicht sie es, flößt des Geflechts Krone Verehrung uns ein.

urit, seu Tyria voluit procedere palla,
    urit, seu nivea candida veste venit.
talis in aeterno felix Vertumnus Olympo
    mille habet ornatus, mille decenter habet.
sola puellarum digna est, cui mollia caris   15
    vellera det sucis bis madefacta Tyros,
possideatque, metit quicquid bene olentibus arvis
    cultor odoratae dives Arabs segetis,
et quascumque niger Rubro de litore gemmas
    proximus Eois colligit Indus aquis.   20
hanc vos, Pierides, festis cantate kalendis,
    et testudinea Phoebe superbe lyra.
hoc sollemne sacrum multos haec sumat in annos:
    dignior est vestro nulla puella choro.

III

Parce meo iuveni, seu quis bona pascua campi
    seu colis umbrosi devia montis, aper,
nec tibi sit duros acuisse in proelia dentes,
    incolumem custos hunc mihi servet Amor.
sed procul abducit venandi Delia cura: 5
    o pereant silvae, deficiantque canes!
quis furor est, quae mens, densos indagine colles
    claudentem teneras laedere velle manus?
quidve iuvat furtim latebras intrare ferarum,
    candidaque hamatis crura notare rubis?   10
sed tamen, ut tecum liceat, Cerinthe, vagari,
    ipsa ego per montes retia torta feram,
ipsa ego velocis quaeram vestigia cervi
    et demam celeri ferrea vincla cani.
tunc mihi, tunc placeant silvae, si, lux mea, tecum   15
    arguar ante ipsas concubuisse plagas:

Wenn man im Purpurgewande sie ausgehn sieht, so entbrennt man,
 Brennt, wenn im schneeweißen Kleid leuchtend sie schreitet daher.
So ist Vertumnus beglückt auf den ewigen Höhn des Olympus:
 Tausendmal schmückt er sich neu, tausendfach kleidet es ihn.
Sie allein von den Mädchen ist wert, daß Tyros ihr Vließe
 Schenkt und die wolligen rot färbt mit dem kostbaren Saft,
Daß sie besitze, was irgend Arabiens duftende Fluren
 Ihrem Bebauer an wohl riechenden Ernten verleihn,
Und was der Inder, der dunkle, nur je am roten Gestade
 Sammelt an edlem Gestein nahe dem östlichsten Meer.
Sie, Pieriden, besingt am heutigen festlichen Tage!
 Stolzer Phoebus, und du schlage die Lyra dazu!
Viele Jahre noch soll sie so heilige Feier begehen:
 Würdiger eures Gesangs war noch kein Mädchen als sie.

III

„Schone mir, Eber, den Freund, gleichviel ob du üppige Weide
 Oder des schattigen Bergs weglose Öde bewohnst!
Fern sei es dir, die drohenden Hauer zum Kampfe zu wetzen!
 Amor nehm' ihn in Schutz, gebe mir heil ihn zurück!
Aber die Göttin aus Delos entführt ihn zur Jagd in die Ferne:
 Ginge der Wald doch zugrund! Gäb' es doch Hunde nicht mehr!
Welche Verirrung! Wozu die buschigen Hügel umzingeln
 Und sich versehrend dabei stoßen die zärtliche Hand?
Wozu dient es, des Wildes Verstecke mit List zu erkunden
 Und sich im Brombeergestrüpp blutig zu reißen das Bein?
Dennoch, dürft' ich mit dir, Cerinthus, die Fluren durchstreifen,
 Gern über Berg und Tal trüg' ich dann selber das Netz;
Selber wollt' ich die Fährte des fliehenden Hirsches erspüren,
 Löste dem eilenden Hund gerne das eiserne Band.
Dann, ja dann soll der Wald mir gefallen! Dann mag man mich necken,
 Daß ich mit dir, du mein Licht, lag vor den Netzen vereint!

tunc veniat licet ad casses, inlaesus abibit,
  ne Veneris cupidae gaudia turbet, aper.
nunc sine me sit nulla venus, sed lege Dianae.
  caste puer, casta retia tange manu,   20
et quaecumque meo furtim subrepit amori,
  incidat in saevas diripienda feras.
at tu venandi studium concede parenti
  et celer in nostros ipse recurre sinus.

IV

Huc ades et tenerae morbos expelle puellae,
  huc ades, intonsa Phoebe superbe coma.
crede mihi, propera, nec te iam, Phoebe, pigebit
  formosae medicas adplicuisse manus.
effice ne macies pallentes occupet artus,   5
  neu notet informis pallida membra color,
et quodcumque mali est et quicquid triste timemus,
  in pelagus rapidis evehat amnis aquis.
sancte, veni, tecumque feras, quicumque sapores,
  quicumque et cantus corpora fessa levant,   10
neu iuvenem torque, metuit qui fata puellae
  votaque pro domina vix numeranda facit.
interdum vovet, interdum, quod langueat illa,
  dicit in aeternos aspera verba deos.
pone metum, Cerinthe: deus non laedit amantes.   15
  tu modo semper ama: salva puella tibi est.
nil opus est fletu: lacrimis erit aptius uti,
  si quando fuerit tristior illa tibi.
at nunc tota tua est, te solum candida secum
  cogitat, et frustra credula turba sedet.   20
Phoebe, fave: laus magna tibi tribuetur in uno
  corpore servato restituisse duos.

Wenn er dann naht dem Garn, wird er unverwundet hinweggehn,
  Daß uns der Liebesbegier Freuden der Eber nicht stört.
Jetzt, ohne mich, sei Venus dir fern: nach dem Willen Dianas,
  Keuscher Knabe, laß keusch rühren ans Netz deine Hand!
Wenn eine andre verstohlen in meine Liebe sich einschleicht,
  Falle sie wütendem Wild, das sie zerreiße, anheim!
Du aber magst deinem Vater die Lust an der Jagd überlassen:
  Kehre du selbst an die Brust eilends zurück, die dich liebt!"

IV

Komm herab und vertreibe die Krankheit des zärtlichen Mädchens!
  Komm doch, Phoebus, herab, Stolzer im wallenden Haar!
Glaube mir! Eile herbei! Es wird dich, Phoebus, nicht reuen,
  Wenn du die heilende Hand legst an die holde Gestalt.
Gib, daß die Abzehrung nicht die bleichenden Glieder befalle,
  Daß sie den strahlenden Leib ja nicht entstellt und verfärbt!
Was es an Übeln auch gibt und was wir an Schlimmem befürchten,
  Fliehe zum Meer auf des Stroms reißender Woge hinaus!
Heiliger, komm und bringe mit dir, was irgend an Düften
  Und was an süßem Gesang krankende Leiber erquickt!
Quäl' auch nicht ihren Freund, der sich sorgt um das Schicksal des Mäd-
  Für die Gebieterin, kaum zählbar, Gebete dir schickt!   [chens,
Eben noch hat er gefleht, und jetzt, da sie leidend ermattet,
  Wirft er ein sträfliches Wort murrend den Ewigen zu. —
Sorge dich nicht, Cerinthus! Der Gott kränkt Liebende nimmer.
  Liebe nur immer! Gesund wird dir dein Mädchen alsbald.
Weinen mußt du jetzt nicht: die Tränen spare für später,
  Wenn sie sich etwa einmal weniger zärtlich dir zeigt!
Jetzt aber ist sie ganz dein: dir einzig denkt sich die Reine
  Eigen, und völlig umsonst hofft ihrer Anbeter Schar. —
Phoebus, drum hilf! Dereinst wird man laut dich preisen und loben,
  Daß du in Einem Leib zweien das Leben geschenkt.

iam celeber, iam laetus eris, cum debita reddet
   certatim sanctis laetus uterque focis.
tunc te felicem dicet pia turba deorum,   25
   optabunt artes et sibi quisque tuas.

V

Qui mihi te, Cerinthe, dies dedit, hic mihi sanctus
   atque inter festos semper habendus erit.
te nascente novum Parcae cecinere puellis
   servitium et dederunt regna superba tibi.
uror ego ante alias: iuvat hoc, Cerinthe, quod uror,   5
   si tibi de nobis mutuus ignis adest.
mutuus adsit amor, per te dulcissima furta
   perque tuos oculos per Geniumque rogo.
mane Geni, cape tura libens votisque faveto,
   si modo, cum de me cogitat, ille calet.   10
quodsi forte alios iam nunc suspiret amores,
   tunc precor infidos, sancte, relinque focos.
nec tu sis iniusta, Venus: vel serviat aeque
   vinctus uterque tibi, vel mea vincla leva.
sed potius valida teneamur uterque catena,   15
   nulla queat posthac quam soluisse dies.
optat idem iuvenis quod nos, sed tectius optat:
   nam pudet haec illum dicere verba palam.
at tu, Natalis, quoniam deus omnia sentis,
   adnue: quid refert, clamne palamne roget?   20

VI

Natalis Iuno, sanctos cape turis acervos,
   quos tibi dat tenera docta puella manu.
tota tibi est hodie, tibi se laetissima compsit,

Bald schon wirst du gefeiert, wirst froh sein, wenn um die Wette
Beide den schuldigen Dank bringen vor deinen Altar.
Glücklich dann wird die selige Schar der Götter dich nennen,
Und deiner Künste Gewalt wünscht sich ein jeder für sich.

V

Allzeit wird mir der Tag, Cerinthus, der dich mir schenkte,
Heilig sein: als ein Fest werd' ich ihn immer begehn.
Als du geboren warst, weissagten die Parzen den Mädchen
Neuen Dienst und verliehn Macht dir und Herrschergewalt.
Ich bin vor andern entbrannt: froh will ich, Cerinthus, entbrannt sein,
Wenn nur in dir durch mich lodert der nämliche Brand:
Liebe mich auch! Ich flehe dich an bei den heimlichsten Wonnen,
Bei deiner Augen Gewalt, bei deines Genius Macht. —
Genius, bleib! Nimm gütig den Weihrauch! Erhör' die Gebete,
Wenn, so oft er an mich denkt, er in Liebe erglüht!
Sollte indessen schon jetzt er schmachten nach anderer Liebe,
Dann, o du Heiliger, flieh, bitt' ich, den treulosen Herd!
Venus, du seiest gerecht: entweder wir dienen dir beide,
Gleich gebunden von dir, oder du lösest mein Band.
Lieber jedoch soll uns zwei eine starke Kette vereinen,
Die kein künftiger Tag je zu zerreißen vermag.
Wünscht doch dasselbe wie ich der Freund; nur wünscht er es heimlich:
Denn er schämt sich, dies Wort offen zu sagen und laut.
Du aber, Gott der Geburt, — als Gott verstehst du ja alles —
Segne! Was tut's, ob er dich stille nur bittet, ob laut?"

VI

Juno, Schutzgöttin du der Geburt, nimm Fülle des Weihrauchs,
Die dir ein Mädchen von Geist spendet mit zärtlicher Hand!
Heut ist sie dein: dir hat sie ihr Haar mit Freuden geflochten,

staret ut ante tuos conspicienda focos.
illa quidem ornandi causas tibi, diva, relegat,   5
   est tamen, occulte cui placuisse velit.
at tu, sancta, fave neu quis divellat amantes,
   sed iuveni quaeso mutua vincla para.
sic bene conpones: ullae non ille puellae
   servire aut cuiquam dignior illa viro.   10
nec possit cupidos vigilans deprendere custos,
   fallendique vias mille ministret Amor.
adnue purpureaque veni perlucida palla:
   ter tibi fit libo, ter, dea casta, mero.
praecipit et natae mater studiosa quod optet: 15
   illa aliud tacita, iam sua, mente rogat.
uritur, ut celeres urunt altaria flammae,
   nec, liceat quamvis, sana fuisse velit.
sis iuveni grata: veniet cum proximus annus,
   hic idem votis iam vetus extet amor.   20

VII

Tandem venit amor, qualem texisse pudori
   quam nudasse alicui sit mihi fama magis.
exorata meis illum Cytherea Camenis
   attulit in nostrum deposuitque sinum.
exsoluit promissa Venus: mea gaudia narret,   5
   dicetur siquis non habuisse sua.
non ego signatis quicquam mandare tabellis,
   ne legat id nemo quam meus ante, velim.
sed peccasse iuvat, voltus conponere famae
   taedet: cum digno digna fuisse ferar.   10

Daß vor deinem Altar gern sie ein jeder erblickt.
Dir zwar, Göttliche, schreibt sie es zu, daß sie heute geschmückt ist;
   Aber sie wünscht insgeheim, daß sie noch einem gefällt.
Du, o Heilige, gib, daß keiner die Liebenden trenne!
   Binde den Jüngling an sie, fleh' ich, mit innigstem Band!
Gutes vollbringst du so: er wird keinem anderen Mädchen
   Würdiger dienen und sie auch keinem anderen Mann.
Niemals möge das Glück ihrer Liebe ein Wächter belauschen:
   Tausend Wege der List lehre der Liebesgott sie!
Sei ihnen hold, du Leuchtende! Komm im Purpurgewande:
   Dreimal wird Brot dir geweiht; dreimal, o Keusche, nimm Wein!
Schreibt auch die eifernde Mutter der Tochter vor, was sie wünsche,
   Andres mit schweigsamem Sinn fleht sie: gehört's ihr doch schon.
Sie ist entbrannt so rasch, wie die Flamme entbrennt am Altare:
   Niemals, könnte sie gleich, wünscht sie sich Heilung der Glut.
Sei auch dem Jüngling hold, daß, so oft das Jahr sich erneuert,
   Noch diese Liebe, schon alt, all seinen Wünschen entspricht!

Sechs Episteln von Sulpicia

VII

Endlich nahte die Liebe! Man sollte weit eher mich schmähen,
   Daß ich aus Scham sie verbarg, als daß ich nun sie enthüllt.
Venus ließ sich von meinen Gesängen erflehen: sie brachte
   Ihn mir herbei, ja, sie hat Ihn an die Brust mir gelegt.
Venus hat ihr Versprechen erfüllt: meine Wonnen berede,
   Wer sich des Rufes erfreut, daß es ihm selbst dran gebricht!
Nichts will ich künftig mehr auf versiegelter Tafel ihm schreiben,
   Fürchtend, daß jemand es liest, eh' es der Meinige weiß;
Nein, mein „Fehltritt" beglückt; eine Unschuldsmiene zu zeigen.
   Widert; man wisse: bei Ihm war ich und sein bin ich wert!

VIII

Invisus natalis adest, qui rure molesto
    et sine Cerintho tristis agendus erit.
dulcius urbe quid est? an villa sit apta puellae
    atque Arretino frigidus amnis agro?
iam, nimium Messalla mei studiose, quiescas,   5
    † neu tempestivae saepe propinque viae.
hic animum sensusque meos abducta relinquo,
    arbitrio quamvis non sinis esse meo.

IX

Scis iter ex animo sublatum triste puellae?
    natali Romae iam licet esse suo.
omnibus ille dies nobis natalis agatur,
    qui nec opinanti nunc tibi forte venit.

X

Gratum est, securus multum quod iam tibi de me
    permittis, subito ne male inepta cadam.
sit tibi cura togae potior pressumque quasillo
    scortum quam Servi filia Sulpicia:
solliciti sunt pro nobis, quibus illa dolori est   5
    ne cedam ignoto, maxima causa, toro.

XI

Estne tibi, Cerinthe, tuae pia cura puellae,
    quod mea nunc vexat corpora fessa calor?
a ego non aliter tristes evincere morbos
    optarim, quam te si quoque velle putem.
at mihi quid prosit morbos evincere, si tu   5
    nostra potes lento pectore ferre mala?

VIII

Unwillkommner Geburtstag! Dort auf dem Land und in Langweil
Werd' ich, in Sehnsucht, ihn ohne Cerinthus begehn.
Was geht über die Stadt? Ist ein Landhaus wohl für ein Mädchen
Passend, ein frostiger Fluß im Arretinischen Feld?
Sei, Messalla, um mich nur allzu besorgter, beruhigt,
Der Du doch oftmals nicht wählst den geeigneten Weg!
Werd' ich entfernt, hinterlass' ich mein Herz und all meine Sinne,
Lässest Du mich schon nicht leben nach meinem Geschmack.

IX

Weißt du's? Dein Mädchen ist der traurigen Fahrt überhoben,
Ja: ihr Geburtstagsfest darf sie in Rom nun begehn.
Sei dieser Tag der Geburt denn froh von uns allen gefeiert,
Der dir durch Zufall jetzt wider Erwarten erscheint!

X

Gut ist's, daß du mit mir dir so viel schon erlauben zu dürfen
Glaubst, daß nicht plötzlich für mich peinliche Lagen entstehn.
Wenn denn ein Kleiderkauf, eine dürftige Dirne am Spinnrad
Mehr als Sulpicia, als Servius Tochter dir gilt, —
Mancher sorgt sich um mich, weil ihm jene ein Greuel und weil ich —
Wichtigster Grund — wohl gar weiche dem niedrigen Bund.

XI

Machst um dein Mädchen du dir wohl innige Sorge, Cerinthus,
Weil meinen krankenden Leib Hitze des Fiebers jetzt plagt?
Ach, ich möchte die leidige Krankheit nur zu bestehen
Wünschen, wenn ich überzeugt bin, daß auch du es erhoffst.
Aber was nützt mir's, wenn ich die Krankheit bestehe und du die
Übel, die mir verhängt werden, mit Gleichmut erträgst?

XII

Ne tibi sim, mea lux, aeque iam fervida cura
  ac videor paucos ante fuisse dies,
si quicquam tota conmisi stulta iuventa,
  cuius me fatear paenituisse magis,
hesterna quam te solum quod nocte reliqui,   5
  ardorem cupiens dissimulare meum.

XIII

Nulla tuum nobis subducet femina lectum:
  hoc primum iuncta est foedere nostra venus.
tu mihi sola places, nec iam te praeter in urbe
  formosa est oculis ulla puella meis.
atque utinam posses uni mihi bella videri!   5
  displiceas aliis: sic ego tutus ero.
nil opus invidia est, procul absit gloria volgi:
  qui sapit, in tacito gaudeat ipse sinu.
sic ego secretis possum bene vivere silvis,
  qua nulla humano sit via trita pede.   10
tu mihi curarum requies, tu nocte vel atra
  lumen, et in solis tu mihi turba locis.
nunc licet e caelo mittatur amica Tibullo,
  mittetur frustra deficietque Venus.
hoc tibi sancta tuae Iunonis numina iuro,   15
  quae sola ante alios est mihi magna deos.
quid facio demens? heu heu mea pignora cedo.
  iuravi stulte: proderat iste timor.
nunc tu fortis eris, nunc tu me audacius ures:
  hoc peperit misero garrula lingua malum.   20
iam faciam quodcumque voles, tuus usque manebo,
  nec fugiam notae servitium dominae,

XII

Sei ich dir nie, du mein Licht, noch wert solch brennender Sorge,
  Wie ich es, dünkt mich, doch war wenige Tage zuvor,
Wenn ich etwas beging in der ganzen Jugend, ich Törin,
  Das, ich gesteh' es dir gern, herzlicher je mich gereut,
Als daß ich in der gestrigen Nacht allein dich gelassen,
  Weil ich die Glut, die mich trieb, dir zu verhehlen gewünscht!

Albius Tibullus:

XIII

Nie wird ein anderes Weib mich deiner Umarmung entreißen;
  Ward doch mit diesem Beding schon unsre Liebe geknüpft.
Du nur gefällst mir, nur du, und außer dir gibt es kein Mädchen
  Hier in der Stadt, das je schön meinen Augen erscheint.
Wär' ich doch auch der einzige nur, der gern dich erblickte!
  Andren mißfalle du nur! Sicherer fühl' ich mich dann.
Neider bedarf ich nicht; fern sei mir das Rühmen der Menge!
  Weise freuen sich still in der verschwiegenen Brust.
So kann ich gut in verborgensten Wäldern mein Leben verbringen,
  Wo kein menschlicher Fuß findet den Weg bis zu mir.
Du bist die Ruhe für mich in Sorgen, mein Licht in der dunklen
  Nacht, in der Einsamkeit bist Du mir Gesellschaft genug.
Würde vom Himmel jetzt gleich dem Tibull eine Freundin gesendet,
  Käme sie gänzlich umsonst: Liebe versagte sich ihr.
Solches beschwör' ich dir bei Junos heiligem Willen,
  Die als die Mächtigste mir gilt in der Himmlischen Kreis. —
Weh mir! Ich Narr! Was tu' ich? Ach, preis geb' ich all meine Pfänder!
  Töricht fürwahr ist mein Schwur: nützlich war immer die Furcht.
Nun wirst du stark dich fühlen, nun wirst du kühner mich plagen:
  Nur mein geschwätziger Mund hat mir dies Unheil gebracht.
Schon muß ich tun, was immer du willst: dein bleib' ich für immer;
  Niemals werd' ich entfliehn meiner Gebieterin Dienst;

sed Veneris sanctae considam vinctus ad aras.
haec notat iniustos supplicibusque favet.

XIV

Rumor ait crebro nostram peccare puellam:
   nunc ego me surdis auribus esse velim.
crimina non haec sunt nostro sine facta dolore
   quid miserum torques, rumor acerbe? tace!

Doch an der heiligen Venus Altar will ich sinken, gefesselt:
Unrecht duldet sie nicht; Flehenden schenkt sie Gehör.

XIV

Oftmals habe, so sagt das Gerücht, mein Mädchen gesündigt:
  Jetzt hab' ich nur den Wunsch: wären die Ohren mir taub!
Diese Vergehen sind nur, um mich zu quälen, erfunden:
  Warum folterst du mich, böses Gerede? Sei still!

ANHANG

Albius Tibullus und sein Kreis

Der Begriff der Elegie hat sich im Laufe von nahezu drei Jahrtausenden immer wieder gewandelt. Bei den alten Griechen hatte das Wort ausschließlich eine formelle Bedeutung: man nannte „Elegie" ein Gedicht im elegischen Versmaß, das heißt in Distichen, Zweizeilern, die aus je einem daktylischen Hexameter und einem Pentameter bestanden. Dem Inhalt nach war die Elegie Träger subjektiver Aussage, politischer, weltanschaulicher Gedanken, auch persönlicher Gefühle. Später wurden auch erotische Stoffe aufgenommen. Zum Träger des erotischen Bekennens haben — wohl nach uns nur mehr in Bruchstücken greifbaren hellenistischen Vorbildern — erst römische Dichter diese Form gemacht, als erster Gaius Valerius Catullus (87—54), nach ihm Cornelius Gallus (70—27), von dessen Dichtungen aber nichts erhalten ist. Die beiden Meister dieser Gattung aus der Zeit des Augustus sind Albius Tibullus (55—19) und Sextus Propertius (47—15), denen sich Publius Ovidius Naso (43 vor —17 nach Chr. Geb.) anschließt als verehrungsvoller Erbe und Jünger. Alle diese Dichter vereinigen unter ihren Elegieen Gedichte von sehr mannigfaltigem Stimmungs- und Gefühlsgehalt von der Trauer bis zu ausgelassener Heiterkeit, und es gibt auch Elegieen, die ihren Ursprung nicht im persönlichen Gefühlserleben haben, sondern mehr gegenständlicher Natur sind.

Tibull ist, ebenso wie Properz, auf dem Land aufgewachsen. In Pedum, zwei Meilen südlich von Rom, zwischen Gabii und Praeneste, lag das Gut seines Vaters, der letzte Rest großer Besitzungen, die der Familie früher gehört hatten. Die Liebe zum bäuerlichen Leben ist ja einer der Grundtöne von Tibulls Dichtung, freilich zumeist nur als Ausdruck der Sehnsucht aus dem Großstadtleben des Römers oder dem beschwerlichen Lagerleben des Soldaten zurück zur Einfachheit und Ruhe des Landes. Es gehörte zum besondern Schicksal dieses weichen Stimmungsmenschen, daß er als Sproß einer Familie des Ritterstandes vom 17. bis zum 27. Lebensjahr Heeresdienst leisten mußte. Begreiflicherweise verabscheut er den Krieg und erhebt in der zehnten Elegie seines ersten Buches Anklage gegen den Erfinder der Waffen:

Damals entstand das Gemetzel der Menschheit, entstanden die Schlach-
    Damals wurden dem Tod kürzere Wege gebahnt.   [ten.
Der Sehnsucht nach Frieden, die jenes ganze Zeitalter erfüllte, gibt Tibull ebenso lebhaften Ausdruck wie Properz.

Immerhin hatte Tibull das Glück, als Soldat den kunstliebenden Marcus Valerius Messalla Corvinus (64 vor — 18 nach Chr. Geb.), einen der Truppenführer des Augustus, bewundert auch wegen seiner Redekunst, zum Vorgesetzten zu haben. Mit Messalla verband den Dichter bald herzliche Freundschaft; er verehrte ihn aufrichtig und fand in ihm einen ähnlichen Gönner und Förderer wie Vergil, Horaz und Properz in Maecenas. Tibull begleitete Messalla auf Kriegszügen in Syrien und Kilikien und, im Jahr 28, in Südgallien (Aquitanien), wo ihm militärische Ehrengaben zuteil wurden.

Zum Dichter wurde er mit etwa 25 Jahren durch die Liebe zu der schönen Plania, einem aus dem Sklavenstande hervorgegangenen, aber freigelassenen Mädchen. In seinen Gedichten nennt er sie Delia. Fünf von den Elegieen seines ersten Buches spiegeln den Verlauf dieses Liebesverhältnisses: Delia beglückt den Dichter anfangs, nimmt aber dann zu seinem Schmerz einen älteren reichen Mann zum Ehegatten, betrügt diesen mit Tibull und später Tibull mit einem anderen, so daß der Dichter sich von ihr abwendet.

Inwieweit diese dichterischen Bekenntnisse, Huldigungen und Klagen die tatsächliche Wirklichkeit spiegeln, läßt sich bei Tibull ebenso wenig wie bei Properz oder anderen Dichtern jener Zeit nachprüfen. Aber die Enttäuschung über Plania mag wohl der Anlaß gewesen sein, daß Tibull sich auf sein Landgut nach Pedum zurückzog. Dorthin ist die kleine Epistel gerichtet, die Horaz für ihn gedichtet hat:

Albius, der du aufrichtigen Sinns meine Verse beurteilst,
Wüßt' ich nur, was auf den Fluren von Pedum jetzt dich beschäftigt!

Sie ergibt, daß Horaz in eine herzliche Beziehung zu dem zehn Jahre jüngeren Dichter getreten war, obwohl die beiden Männer ihrer menschlichen und künstlerischen Artung nach so verschieden waren. Wenn Horaz den jungen Freund einen aufrichtigen Beurteiler seiner Dichtungen nennt, so ist daraus zu schließen, daß zu jener Zeit beide ihre jeweils neuen Gedichte einander vorgelesen haben und einer den andren um sein Urteil gebeten hat.

Das eigentliche Ziel der Horazischen Epistel an Tibull ist, den so sehr von Stimmungen abhängigen jungen Dichter, der im Mißgeschick so leicht verzagte, zu trösten und aufzurichten. Horaz gemahnt ihn daran, wie sehr die Götter Tibull doch gesegnet haben mit irdischem Wohlstand sowohl wie mit geistigen Gaben und menschlichen Eigenschaften, und erteilt seiner Lebenskunst einen weisen Rat:

Zwischen Hoffnung und Sorge und zwischen Befürchtung und Ärger
Denke nur stets, wenn ein Tag erstrahlt, es wäre dein letzter:
Hold wird die Stunde dich dann, auf die du nicht hoffst, überraschen.

Nicht viel später wird auch das kleine Lied entstanden sein, das Horaz dem Freunde gewidmet und dann in das erste Buch seiner Oden aufgenommen hat, ebenfalls ein Trostgedicht; es will dem Dichter über seinen Liebeskummer um ein Mädchen hinweghelfen, das Tibull um eines Jüngeren willen untreu geworden ist.

Bemerkenswert ist, daß Horaz in beiden Gedichten an Tibull zuletzt auf sich selber hinweist, und es zeugt von schönem Einfühlungsvermögen und Zartgefühl, daß der an Alter, Erfahrung und angesehener Stellung Überlegene in der Ode sich unbedenklich eine kleine Blöße gibt durch den Hinweis auf eine Liebesirrung seiner eigenen Jugend, in der Epistel ein scherzhaft ironisches Bild von sich entwirft und sich „Epicuri de grege porcum", ein Schweinchen aus Epikurs Herde nennt. Es ist, als wolle er beidemal dem Freund ein etwa vorhandenes Minderwertigkeitsgefühl nehmen.

Drei von den sechs Dichtungen des zweiten Buches nennen ein Mädchen namens Nemesis als Gegenstand einer recht unglücklichen Liebesneigung des Dichters. Sie mag wohl in einer vorübergehenden Anwandlung Tibull einmal ihre Gunst zugewandt haben. Aber was bei ihr Laune gewesen ist, wird bei ihm zum nachhaltigen Gefühl, dessen sie sich nicht wert erweist: zum Leidwesen des Dichters hält sie sich jeweils zu dem, der ihr ein möglichst üppiges Leben gewährleistet; gleichwohl möchte der Dichter die Schuld an ihrem unerfreulichen Lebenswandel nicht ihr selbst, sondern dem Einfluß einer Kupplerin zuschreiben.

Neben den acht der Liebe Tibulls zu Delia und zu Nemesis gewidmeten Elegien, die übrigens stark mit idyllischen und sogar satirischen Zügen durchsetzt sind, stehen in den beiden ersten Büchern der unter dem Namen des Dichters auf uns gekommenen Sammlung acht Gedichte ganz andrer Art. Da sind die beiden von warmer, persönlicher Anteilnahme und Zuneigung getragenen Geburtstagsgedichte: das feierliche an Messalla, das dessen Leistungen als Soldat und Bürger rühmt, und das köstlich heitere und herzliche an einen uns sonst unbekannten Freund mit Namen Cornutus, an den auch die darauf folgende Elegie (II 3) gerichtet ist. Da ist die Unterredung mit dem Bauerngotte Priapus über den Umgang mit schönen und eigenwilligen Knaben. Oder das Gedicht an die spröde Pholoë (I, 8), worin er sie ermahnt, es seinem Freunde Marathus nicht gar so schwer zu machen. Und immer wieder preist der Dichter, durchaus im Sinne von Vergils ‚Georgica', den Landbau und das schlichte, friedliche Landleben, so in dem lückenhaft überlieferten zehnten Gedicht des ersten und im ersten Gedicht des zweiten Buches, dessen Anlaß das Fest der „Ambarvalien", der Flurenweihe, ist. Tibulls umfangreichste Dichtung ist der fromme und gehaltvolle Lobgesang auf Apollo, der von dem

Dichter für ein festliches Ereignis in Messallas Hause verfaßt und ver-
mutlich bei dieser Gelegenheit von ihm selbst vorgetragen wurde.

Das dritte Buch enthält sechs Elegieen von einem talentvollen Jünger
Tibulls, über den wir nur wissen, was sich aus seinen Gedichten erschlie-
ßen läßt. So nennt er am Schluß der zweiten Elegie seinen Namen:
Lygdamus, und aus der fünften ergibt sich, daß er im Jahre 44 vor
Christus, also im Jahre der Ermordung Caesars, geboren ist: meine El-
tern, so sagt er, erlebten meinen ersten Geburtstag,

Als die zwei Konsuln zugleich fielen durch gleiches Geschick:
cum cecidit fato consul uterque pari.

Der Vers bezieht sich auf ein kriegerisches Ereignis des Jahres 43, und
es ist bemerkenswert, daß Ovid ihn später wörtlich übernommen hat, als
er in seiner Lebensrückschau als Verbannter am Schwarzen Meere das Jahr
seiner Geburt umschrieb (Tristia IV 10). Lygdamus war also ungefähr
ein reichliches Jahrzehnt jünger als sein Meister Tibull. Man nimmt an,
daß er sehr jung, vielleicht noch vor Tibull oder doch bald nach ihm
verstorben ist. Er liebte ein Mädchen aus gutem Hause, das er im Gedicht
Neāra nennt. Er hofft auf Gegenliebe und auf die Ehe mit ihr; aber ein
andrer tritt dazwischen und entreißt ihm die Geliebte. Er hofft noch im-
mer, sie werde zu ihm zurückkehren; sonst soll der Tod ihn von seinem
Kummer erlösen. Durch die schöne Erzählung von einem Traum, in wel-
chem Apollo ihm erscheint, versucht er Neāra für sich zu gewinnen. Aber
das letzte Gedicht zeigt, daß sie sich ganz dem andren zugewandt hat:
Lygdamus sucht bei einem Weingelage mit Freunden seinen Schmerz zu
betäuben, wobei ihn freilich immer wieder das Bild der Ungetreuen und
seine Sehnsucht nach ihr stören.

An den Anfang des vierten Buches hat der antike Herausgeber die
Arbeit eines ungenannten Verfassers gestellt, die sich durch ihre me-
trische Form, aber auch in ihrem künstlerischen Rang merklich von den
übrigen unter Tibulls Namen überlieferten Dichtungen unterscheidet.
Nicht im „wechselnden Maß" der Elegie, sondern ausschließlich in Hexa-
metern geschrieben, ist sie mit ihren 212 Verszeilen zugleich das um-
fangreichste opus der ganzen Sammlung. Schon aus sprachlich-stilistischen
Gründen kann es nicht von Tibull selbst oder etwa von Lygdamus verfaßt
sein; außerdem trifft auf keinen von beiden zu, was der Poet am Schlusse
von seinem eigenen Lebensschicksal berichtet. Das Ganze ist eine Huldi-
gung für den Redner und Truppenführer Messalla, dessen Leistungen und
Erfolge mit oft sehr starken Wendungen gepriesen werden. Auffällig
sind dabei die ziemlich umfangreichen Abschweifungen, die der Dichter
sich erlaubt. So läßt er sich, offenbar mit Vergnügen, von dem Namen
Odysseus dazu verführen, die sämtlichen Abenteuer des „Irrfahrers"

aufzuzählen und kurz zu kennzeichnen. Mit einem recht gewaltsamen, wenig überzeugenden Salto kehrt er dann zu seinem eigentlichen Gegenstande zurück. Später spricht er vom „anderen Teil der Welt", um Gelegenheit zu haben, die Einteilung der Erde in Zonen, wie er sie sich vorstellt, zu schildern. Zuletzt spricht der Verfasser von sich selbst, und sicher gehört dieser Teil zu den dichterisch ansprechendsten des ganzen Ergusses. Wir erfahren hier, daß der „Sänger" früher wohlhabend war, aber seinen gesamten Landbesitz eingebüßt hat, vermutlich doch, ähnlich wie Vergil und Properz, durch Octavians Landausteilung an seine Veteranen. Bemerkenswert sind auch die allerletzten Verse: sie verraten dem Leser, daß der Dichter von dem Gedanken der Seelenwanderung und der Wiederverkörperung überzeugt gewesen sein muß.

Die dann folgenden fünf Gedichte von Tibull sind mit ihrer menschlichen Reife und künstlerischen Vollendung der Gipfelpunkt seines gesamten Schaffens. In ihnen feiert und segnet er die Liebe eines ihm nahe stehenden jungen Paares, und mit diesem Anlaß, diesem Gegenstand stehen sie in der Weltliteratur einzig da.

Denn Liebesgedichte zwar gibt es unzählige, und sehr viele von ihnen gehören zum Köstlichsten, manche zum Erhabensten, das in menschlicher Sprache Gestaltung für immer gefunden hat. Stets aber bekennen die Dichter oder Dichterinnen ihr eigenes Erleben und Erleiden. In diesem einen Fall hat ein Dichter sich mit der ganzen Innigkeit seines Gefühls in das Sehnen, Sorgen und Hoffen eines Mädchens und eines jungen Mannes hineinversetzt, hat es zu seinem eigensten Anliegen gemacht und seine geläuterte und gereifte Kunst darauf verwandt, aus den Herzen dieser beiden jungen Menschen heraus zu sprechen.

Das erste Gedicht ist eine köstliche Huldigung für Sulpicias Schönheit und beseelte Anmut und zeigt, mit welchem Entzücken der Dichter selbst sie immer wieder erblickt und mit welch inniger Verehrung er ihr Bild in sich aufgenommen hat. Im zweiten Gedicht läßt er sie selbst sprechen: Cerinthus, der Geliebte, ist auf der Jagd irgendwo im Gebirge, und der Dichter weiß, wie Sulpicia sich sorgt, weiß von ihrer Sehnsucht und von der Unbedingtheit und Rückhaltlosigkeit ihrer Liebe; er weiß, was sie sinnt und fühlt, und gibt ihrem Sinnen und Fühlen so zauberhaften Ausdruck, daß man denken könnte, sie habe selbst diese Worte gefunden und gefügt: sicher darf man annehmen, daß sie in jenen Tagen dem Dichter ihr Herz ausgeschüttet und daß ihr Bekenntnis ihn zu dem Gedicht beschwingt hat.

Ihre Erkrankung ist der Gegenstand der dritten Elegie. Sie ist ein inniges Gebet an Phoebus Apollo als den heilenden Gott für ihre Genesung, unterbrochen von liebevollen Worten des Trostes an den von

Sorge gequälten Cerinthus. Im nächsten Gedicht spricht nochmals die Liebende: sie feiert den Geburtstag des Freundes und bekennt ihm von neuem ihre Liebe, bittet flehentlich um bleibende Gegenliebe und betet zu seinem Geburtsgeist, seinem Genius Natalis, und zur Liebesgöttin um Segen und Beistand.

Im fünften Gedicht, dem letzten, betet der Dichter selbst zu Juno als der mütterlichen Schutzherrin alles Lebens, der Behüterin wahrer und treuer Liebe, daß sie dem Bunde der beiden Menschenkinder Dauer verleihe; sind sie doch sichtlich für einander geschaffen:

... er wird keinem anderen Mädchen
Würdiger dienen und sie auch keinem anderen Mann.

Drum wünscht der Dichter dem jungen Paare das, wonach sein eigenes ruheloses Herz sich vergebens gesehnt hat:

Daß diese Liebe, auch alt, noch ihren Wünschen entspricht.

Mag dieser Segenswunsch sich erfüllt haben oder nicht — wir wissen es nicht —, jedenfalls hat der Dichter mit diesen fünf Gedichten das Wunder vollbracht, das wir „Verewigung" nennen: Cerinthus und Sulpicia, vergangen seit zwei Jahrtausenden, leben. Was ihre jugendlichen Herzen bewegt hat, ergreift und bezaubert uns ganz gegenwärtig und ungemindert; ihre Gestalten, ihr großes, bei aller Leidenschaft lautres und unbeirrbares Gefühl sind durch die innere Schau eines Dichters Sprache und Bild geworden und sind emporgehoben unter die bleibenden Denkbilder schönen und wahren Menschentums. Mit ihnen aber lebt der Dichter selbst, der die beiden liebhatte, den sie zu ihrem Vertrauten gemacht haben und der uns mit diesen Gedichten einen Blick tun läßt in das Lauterste und Edelste, das je sein Herz bewegt hat.

Daß Sulpicia, eine Nichte Messallas, der möglicherweise ihr Vormund war, selbst ein musischer Mensch gewesen sein muß und daß Tibull ihre gestaltenden Fähigkeiten gefördert hat, zeigen die von ihr verfaßten sechs kleinen Liebesbriefe in Distichen. Diese Gedichtchen sind echte Briefe, nur für den Empfänger geschrieben und anderen Lesern nur verständlich, wenn sie sich in den Anlaß oder die Situation jeweils hineindenken; dafür sind sie ganz ursprünglicher und unmittelbarer Ausdruck der jeweiligen Empfindung; nur das erste, mit zehn Zeilen das längste, gibt sich nicht als briefliche Mitteilung, sondern ist der dichterische Niederschlag eines einsamen, leidenschaftlichen Selbstgespräches, aber doch zweifellos aufgezeichnet, um dem geliebten Freund anvertraut zu werden. Das zweite ist an Messalla gerichtet, der, so scheint es, Vaterstelle bei ihr vertrat und den Wunsch geäußert hat, sie solle ihren Geburtstag auf dem Lande verbringen, vielleicht bei ihm, in seinem Landhause, das hieß aber „ohne Cerinthus, in Sehnsucht". Sie bringt in acht

Zeilen ihren Schmerz und Unwillen darüber zum Ausdruck und kann im nächsten Briefchen, einem Vierzeiler, Cerinthus freudig mitteilen, daß ihr Einspruch Erfolg gehabt hat und sie ihren Geburtstag in Rom, im Kreis der Freunde, vor allem aber: mit ihm feiern darf.

Doch plötzlich meint sie Grund zur Eifersucht zu haben; sie hat gehört, er ziehe ihr ein beliebiges Mädchen geringer Herkunft vor: die vierte Epistel spricht ihren Stolz unmißverständlich aus. Offenbar hat der Verdacht sich als unbegründet erwiesen; denn die sechs Zeilen des nächsten Briefchens, die auf dem Krankenlager gedichtet sind, lassen nichts mehr von stolzer Zurückhaltung erkennen, sondern fragen, ob er sich denn wohl um ihren fieberhaften Zustand sorgt und sich wünscht, daß sie genese. Das letzte Gedicht gar ist eine innige und zärtliche Abbitte: sie bekennt dem Geliebten, wie herzlich sie es bereut, daß sie ihn in der „gestrigen Nacht" allein gelassen, und zwar aus keinem andren Grund, als weil sie ihr leidenschaftliches Verlangen vor ihm zu verbergen wünschte.

Am Schlusse des vierten Buches und damit der ganzen Sammlung stehen noch zwei Gedichte von Tibull. In dem ersten, längeren nennt er sich selbst mit seinem Namen. Gewiß gehört es zu seinen unmittelbarsten und bezeichnendsten: es offenbart noch einmal sein zwischen Liebesglück und -zweifel hin und her geworfenes Wesen. Das andre ist ein Epigramm in vier Zeilen: der Dichter verwünscht das Gerede, durch das man die Geliebte ihm gegenüber anschwärzen möchte.

Daraus, daß diese beiden Gedichte ans Ende gestellt sind, darf man nichts über die Zeit ihrer Entstehung schließen. Tibull selbst hat bei seinen Lebzeiten nur die zehn Elegieen des ersten Buches veröffentlicht. Für die Anordnung und Herausgabe alles Übrigen ist ein Unbekannter verantwortlich, der nach dem Tode des Dichters die literarische Hinterlassenschaft Tibulls und seines Kreises in den uns heute vorliegenden vier Büchern zusammenfaßte.

Etwa 36jährig ist Albius Tibullus, wenige Monate nach Vergils Tod, gestorben, also entweder am Ende des Jahres 19 oder Anfang 18 vor Christus. An seinem Grabe trauerten seine Mutter und seine Schwester und, wenn wir die Schilderung in Ovids dichterischem Nachruf wörtlich nehmen dürfen, auch die beiden Frauen, die er unter dem Namen Delia und Nemesis besungen hatte.

Wie sehr auch der Kreis um Maecenas, nachdem er soeben des großen Vergil beraubt worden war, Tibulls frühen Tod beklagt hat, zeigt das Epigramm, das Domitius Marsus, ein Dichter jenes Kreises, auf den Tod der beiden so bald nach einander dahingegangenen Meister damals geschrieben hat:

Dich auch sandte, Tibullus, Vergil zum Geleite, des Todes
Willkür jung schon hinab zu der elysischen Flur,
Daß nur keiner mehr zärtliche Liebe elegisch beklage
Oder der Könige Krieg singt im erhabenen Ton.

Und der in der handschriftlichen Überlieferung sich anschließende
Nachruf in Prosa läßt erkennen, wie man in der römischen Öffentlichkeit
Tibull nach seinem Tode gesehen hat:

„Albius Tibullus, römischer Ritter, von stattlicher Erscheinung und
sichtbar gepflegtem Körper, schätzte vor andren den Redner Corvinus
Messalla, als dessen Zeltgenoß er im aquitanischen Kriege militärische
Ehrengaben empfing. Er nimmt nach dem Urteil vieler unter den Elegieen-
dichtern die erste Stelle ein. Auch seine Liebesepisteln, wiewohl kurz,
sind durchweg gut zu lesen. Er starb als junger Mann, wie das voran-
gestellte Epigramm besagt."

Fast zwei Jahrtausende später beschwor der Schwabe Eduard Mörike
in vier Verszeilen etwas von der Wesensart des lateinischen Dichters, dem
er sich wohl zuweilen verwandt fühlte:

Tibullus

Wie der wechselnde Wind nach allen Seiten die hohen
Saaten im weichen Schwung niedergebogen durchwühlt:
Liebekranker Tibull! so unstet fluten, so reizend
Deine Gesänge dahin, während der Gott dich bestürmt.

Textgestaltung und Literaturhinweise

Nur eine mittelalterliche Handschrift mit den Gedichten Tibulls und
seines Freundeskreises wurde im vierzehnten Jahrhundert aufgefunden, ist
aber wieder verloren gegangen. Zum Glück sind zwei vollständige Ab-
schriften davon erhalten: der Codex Ambrosianus in Mailand aus dem
Besitz des Florentiners Coluccio Salutato (1330/1406) und der Codex
Vaticanus, entstanden im fünfzehnten Jahrhundert. Von Wichtigkeit ist
ferner ein uns nicht mehr erhaltenes Tibullexemplar des französischen
Juristen Jacques Cujas, aus dem Scaliger Lesarten in seine Antwerpener
Ausgabe 1577 übernommen hat.

Die heute führende Edition erarbeitete Fr. W. Lenz, Leiden 1959. Auf
sie sei verwiesen, wer genaue historisch-kritische Angaben über die Ge-
schichte der Überlieferung, den tradierten Textbestand, über Drucke und
Sekundärliteratur sucht. Unser Tusculum-Text geht auf einen Vergleich
anderer wissenschaftlicher Ausgaben (L. Müller, Leipzig 1870; F. Ca-
longhi, Turin 1928; M. Ponchont, Paris 1935; J. P. Postgate, Oxford
1956; R. Helm, Berlin 1959) mit der zugrundegelegten Standardausgabe

von Lenz zurück; daraus erklären sich die geringen Abweichungen in der Rechtschreibung und der an manchen Stellen verschiedene Textbestand.

Eine kommentierte Ausgabe bot schon L. Dissen, Göttingen 1835, und aus neuerer Zeit stammt der Kommentar von K. Fl. Smith, New York, 1913. Auf die jüngsten deutschen Übersetzungen von R. Helm im Akademie-Verlag, Berlin, und G. Luck im Artemis Verlag, Zürich, sei hingewiesen.

Zur Übersetzung

Für die Übertragung griechischer und lateinischer Gedichte im elegischen Versmaß, also in den aus je einem Hexameter und Pentameter bestehenden Verspaaren ("Distichon" = Zweizeiler), in die deutsche Sprache steht seit langem das deutsche Distichon zu Verfügung, das die großen Meister unsrer Sprache zu einem lauteren und geschmeidigen Werkzeug ihres dichterischen Sagens und Bekennens in ihren eigenen Elegieen und Epigrammen gemacht haben. Es seien nur Goethe, Schiller, Hölderlin, Grillparzer, Platen, Mörike, Hebbel, Heinrich Leuthold genannt. Mit Gedichten wie etwa den Römischen Elegieen, Euphrosyne oder Alexis und Dora von Goethe, Der Spaziergang, Der Genius, Das Glück von Schiller, Der Wanderer, Menons Klagen, Stuttgart oder Brot und Wein von Hölderlin, um nur wenige Meisterwerke zu nennen, sind hohe Vorbilder, ist eine maßgebliche Norm aufgestellt, hinter deren sprachlichen und metrischen Forderungen auch der Übersetzer antiker Elegieen und Epigramme nicht allzu weit zurückbleiben darf.

Friedrich Beißner weist in seiner sehr bemerkenswerten ,Einführung in Hölderlins Lyrik' (Hölderlin, Sämtliche Werke, Kleine Stuttgarter Ausgabe, Band II, Seite 502 ff.) nachdrücklich und anschaulich auf die Strenge und Reinheit der Verskunst dieses Dichters in seinen Nachbildungen antiker Vers- und Strophenformen hin: was da gesagt wird, sollte auch jeder Übersetzer sich zu Herzen nehmen.

Leider aber findet man unter den im deutschen Sprachraum erschienenen Übertragungen recht viele, deren Verfasser sich dieser Vorbilder und Forderungen nicht bewußt zu sein scheinen. Um beim elegischen Versmaß zu bleiben, so scheint es oft am Gefühl für das verschiedene Gewicht der Silben deutscher Worte zu fehlen: erschreckend leichtfertig und genügsam werden da oft schwere, leichtere und leichte Silben in dieses unendlich schwebende, gleich der Meereswoge steigende und in sich zurücksinkende Metrum hineingepreßt. Ein deutscher „Daktylus" besteht aus einer Hebung und zwei Senkungen, also aus einer schweren und zwei leichten Silben; wird eine Silbe als „Senkung" verwendet, die sich nur

als Hebung eignet, so ist es eben kein Daktylus mehr, und der ganze
Vers hinkt. Erstaunlich ist es auch. wie unbedenklich Übersetzer durch
Elision Wörter verkürzen, die es durchaus nicht vertragen und bei denen
man die Verkürzung nur als Verstümmelung empfinden kann. Grundsätz-
lich sollte ein tonloses e nur vor folgendem Anfangsvokal elidiert wer-
den; darüber hinaus gibt es nur eine beschränkte Anzahl von Wörtern.
deren Verkürzung auch vor anlautendem Konsonanten erträglich ist.
Das deutsche Sprachgefühl nimmt viel leichter einen Hiatus in Kauf als
eine unangebrachte Elision.

Wenn es heut als ein selbstverständlicher Anspruch an eine dichterische
Übertragung gelten sollte, daß sie nicht nur eine sinn- und stilgetreue
Spiegelung ihrer Vorlage sei, sondern sich auch lesen und sprechen lasse
wie ein deutsches Original, so sollte auch der Übersetzer antiker Ele-
gieen oder Oden danach streben, daß in seiner Übertragung alle Spuren
der übersetzerischen Arbeit getilgt seien und sie sich lesen lasse wie die
Ode oder Elegie eines deutschen Dichters. Der Verfasser der hier vor-
gelegten Nachdichtungen hofft, daß es ihm gelungen ist, sich diesem
Ziele zu nähern, soweit es irgend möglich ist.

Die Gedichte Tibulls wurden 1947 übertragen, die von Lygdamus und
von Sulpicia im Sommer 1953, der anonyme Lobgesang auf Messalla
Anfang 1959.

Wilhelm Willige

Erläuterndes Namenverzeichnis

A d m e t u s. Sagenhafter König, dessen Herden Apollo eine Zeit lang geweidet hat. (II 3, 11)

A e n e a s. Sohn des Trojaners Anchises und der Göttin Venus, daher von Ovid als Amors Bruder bezeichnet. (Ovids Totenklage, Am. III 9,13; Tib. II 5,19)

A l b a L o n g a. Die älteste Stadt von Latium, Mutterstadt Roms. (II, 5)

A l c í d e. So heißt Herakles nach seinem Großvater Alceus, dem Vater seines Vaters Amphitryon. (IV 1, 12)

A m a l t h e a. Eine der alten, weissagenden Sibyllen. (II 5, 67)

A m y t h a o n. Ein Enkel des Aeolus, Vater des Sehers Melampus. (IV 1, 121)

A n i o. Nebenfluß des Tiber. (II 5, 69)

A n t i p h a t e s. Beherrscher der menschenfressenden Laestrygonen an der Nordwestküste von Sizilien. (IV 1, 59)

A p o l l o. Sohn Juppiters und Latonas, Dianas Bruder. Erfinder der Kunst des Bogenschießens, der Weisheit, der Heilkunde, der Musik und der Dichtkunst, später, mit dem Beinamen Phoebus (der Strahlende), auch als Sonnengott verehrt. Der Berg Kynthos auf der Insel Delos war seine Geburtsstätte; daher wird er der kynthische Gott oder der Delier genannt. (II 3 und 5; III 4)

A q u i t a n i e n. Der westliche Teil von Südgallien. (I 7; II 1)

A r a r. Fluß, später Sauconna, jetzt Saône genannt. (I 7)

A r a x e s. Fluß in Armenien, jetzt Aras. (IV 1, 144)

A r r e t i u m. Stadt in Etrurien. (IV 8, 4)

A r t a c i a. Eine Quelle bei den Laestrygonen. (IV 1, 60)

A r u p i u m. Stadt der Iapoden in Illyrien. (IV 1, 110)

A t a x. Fluß, jetzt Aude, im Languedoc. (I 7)

A t l a s. König von Mauretanien, Freund der Astronomie, von Perseus, dem er gastliche Aufnahme verweigerte, in den Berg Atlas verwandelt. (IV, 1, 77)

A v e r n u s. Tiefer See in einem Krater bei Cumä in Campanien, von steilen Höhen eingeschlossen und von dichtem Hochwald beschattet: man sah in ihm den Eingang zur Unterwelt. (Ovids Klage, Am. III 9, 27)

B a c c h u s. Griechisch: Bakchos, der Gott des Weines, Sohn des Zeus und der Thebanerin Semele. (II 1, 3 III 4 und 6)

B a j ä. Stadt und Badeort mit warmen Heilquellen an der Küste von Campanien zwischen Cumä und Puteoli. (III 5, 3)

Bellona. Kriegsgöttin, die Gott Mars begleitet, eine blutige Geißel schwingend. (I 6, 44)

Bona. Bona Dea, Gute Göttin: die von den römischen Frauen verehrte Göttin der Fruchtbarkeit und Keuschheit, deren Tempel kein Mann betreten durfte; in späterer Zeit wurde er ein Schauplatz schlimmster Ausschweifung. (I 6, 22)

Camenen. Lateinischer Name für Musen. (IV 1, 24, 192)

Carnutisches Land. Die Carnuter waren ein Stamm des gallischen Volkes in der Gegend des heutigen Chartres. (I 7, 12)

Cassius. Einer der Mörder Caesars, aus Parma, Gegner Oktavians, nach der Schlacht bei Aktium (31 v. Chr.) in Athen getötet. Von seinen literarischen Arbeiten wissen wir nichts. (Horaz, Epistel an Tibull, V. 3)

Catull. Quintus Valerius Catullus, der früheste römische Elegiendichter, geboren 87 v. Chr. in oder bei Verona. (III 6, 41)

Ceres. Tochter des Saturnus und der Ops, Schwester Juppiters und Plutos, Mutter der Proserpina, Göttin des Ackerbaus und der Fruchtbarkeit. (I 1, 15; II 1, 4; II 5)

Charybdis. Ein alles verschlingender Strudel in der sizilischen Meerenge, dem Felsen Scylla gegenüber. (IV 1, 73)

Chimära. Ein feuerspeiendes Ungeheuer mit dem Haupt eines Löwen, dem Leib einer Ziege und dem Schwanz eines Drachen. (III 4)

Choaspes. Fluß in Persien, berühmt durch klares, rein schmeckendes Wasser. (IV, 1, 141)

Cimmerier. Ein mythisches Volk im äußersten Westen, eingehüllt in Finsternis und Nebel. (IV 1, 64)

Circe. Tochter des Sonnengottes, eine durch ihre Zauberkünste berühmte Meernymphe. (IV 1, 61)

Cupido. Lateinisches Wort für Begierde, Verlangen, ein anderer Name des Liebesgottes Amor.

Cydnus Fluß in Kilikien (Kleinasien). (I 7)

Cyrus. Kurusch, griechisch Kyros, der Gründer des persischen Reiches.

Danaus. Sohn des Belus, Zwillingsbruder des Ägyptus; seine fünfzig Töchter, die Danaiden, vermählt mit den fünfzig Söhnen des Ägyptus, brachten auf Geheiß ihres Vaters ihre Männer um und müssen dafür in der Unterwelt ewig die bodenlosen Fässer füllen. (I 3, 77)

Delos. Insel im Ägäischen Meer, Geburtsstätte des Apollon und der Diana. (IV 3, 5)

Diana. Göttin der Jagd, als solche auch Dictynna genannt,

Schwester des Apollon. (I 4, 25; IV 3)

D i s. Ein andrer Name für Pluto, den Gott der Unterwelt. (III 1, 28)

E l y s i u m. Der Wohnort der Seligen in der Unterwelt, die „elysischen Felder". (III 5, 23)

E r i g o n e. Tochter des Icarus: sie erhängte sich aus Gram über den Tod des Vaters und wurde zusammen mit dem Hund ihres Vaters als Gestirn an den Himmel versetzt. (IV 1, 11)

E r y x. Berg auf der Nordwestspitze Siziliens mit einem berühmten Tempel der Venus. (Ovids Klage 44)

F a l e r n e r g e f i l d. „Falernus ager" in Campanien am Fuße des Massicus-Gebirges, berühmt durch seinen vorzüglichen Wein. (I 9, 34)

G a l l u s. Cornelius Gallus, Elegiendichter (70—27 vor Chr.), starb durch eigne Hand. (Ovid Trist. IV 10, 53)

G a r u m n a. Fluß, heute „Garonne" (I 7, 11)

G e b u r t s g e i s t. Genius natalis: der Schutzgeist, den man bei der Geburt empfängt. (II 2; IV 5, 19)

G e t e n. Eine thrakische Völkerschaft im Norden der Donau am Schwarzen Meer. (IV 1, 147)

G y n d e s. Fluß im südlichen Assyrien, in den Tigris mündend, von Cyrus, der auf dem Zug gegen Babylon beim Übersetzen eins seiner weißen Pferde verlor, zur Strafe in 30 Kanäle abgeleitet. (IV 1, 142)

G y l i p p u s. Feldherr der Spartaner auf der Seite der Syracusaner im Kampfe gegen die Athener. (IV 1, 200)

H e b r u s. Hauptfluß von Thrakien. (IV 1, 147)

H e k a t e. Eine thrakische Gottheit der Unterwelt, nächtliche Zaubergöttin, begleitet von unterweltlichen Hunden. (I 2, 54)

H e r o p h i l e. Eine Priesterin Apollos, die erythräische Sibylle. (II 5)

I a p y d i e n. Gebiet im nordwestlichen Illyrien. (IV 1, 108)

I c a r u s. Ein Athener, der unter Pandions Regierung den nach Athen kommenden Bacchus (Dionysos) gastlich aufnahm. (IV 1, 10)

I l i o n. Auch Troja genannt: Hauptstadt des Gebiets der Troer, zwischen den Flüssen Simois und Skamander, von den Griechen nach zehnjähriger Belagerung erobert und zerstört. (II 5, 22)

I t h a k a. Insel des ionischen Meeres, zum Reich des Odysseus gehörig (IV 1, 48)

I u l u s. Sohn des Aeneas, sonst Ascanius genannt. (Ovids Klage, 14)

I x i o n. König der Lapithen in Thessalien, zeugte mit Juno die Kentauren und wurde dafür in der Unterwelt an ein sich ständig drehendes Rad gebunden. (I 3, 71)

J u n o. Schwester und Gemahlin des Juppiter, Schutzgöttin der Ehe und der Geburt. (IV 6, 1)

J u p p i t e r. Sohn des Saturnus, Bruder des Neptunus und des Pluto, Junos Bruder und Gemahl, der oberste Gott der römischen Staatsreligion.

K a l y p s o. Tochter des Atlas, eine Nymphe, die Odysseus auf ihrer Insel Ortygia gastlich aufnahm. (IV 1, 77)

K a r y s t o s. Stadt an der Südküste von Euböa, berühmt durch den in der Umgebung gebrochenen grünlichen Marmor. (III 3, 14)

K a s t a l i a. Eine dem Apollo und den Musen geweihte Quelle am Parnaß.

K i k o n e n. Volk in Thrakien am Hebrus. (IV 1, 54)

K i r k e (Circe). Tochter des Helios und der Perse, eine Meernymphe, berühmt durch ihre Zauberkünste. (II 4, 55)

K o s. Insel im Ägäischen Meer, auf der die zarten, durchscheinenden Seidengewebe erzeugt wurden. (II 3, 55)

K y p r i a. Beiname der Venus, nach Kypros (Zypern), dem Hauptsitz ihres Kultes. (III 3, 34)

L a e s t r y g o n e n. Ein sizilischer Volksstamm, der Sage nach Menschenfresser. (IV 1, 59)

L a r e n. Schutzgottheiten des Hauses und Herdes, der Straßen, Wegekreuzungen u. Äcker. (I 1, 20)

L a u r e n t u m. Stadt in Latium, nicht weit von Rom. (II 5)

L a v i n i u m. Stadt in Latium, erbaut von Aeneas, benannt nach seiner Gemahlin Lavinia. (II 5, 49)

L e t h e. Strom der Unterwelt, aus dem alle dort ankommenden Schatten Vergessenheit trinken. (III 5, 24 u. a.)

L i g e r. Der heute „Loire" genannte Strom. (I 7)

L i n o s. Sohn Apollons und der Muse Terpsichore, Sänger und Musiker, Lehrer des Orpheus und des Herakles, der, von ihm verlacht wegen seiner Fehlgriffe, ihn erschlug. (Ovids Klage)

L o t o s. Baum an der Nordküste von Afrika mit süßer und wohlriechender Frucht. (IV 1, 55)

L u c i f e r = Lichtbringer: Der Morgenstern. (I 9, 62)

L u c i n a. Die Göttin des Lichtes, aber auch Urheberin nächtlicher Träume. (III 4, 13)

L y d i e n. Landschaft in Kleinasien mit der Hauptstadt Sardes, berühmt durch den Reichtum seines Königs Krösus. (IV 1, 200)

M a c e r. Ein römischer Familienname. Ein mit Vergil und Ovid befreundeter Dichter hieß Aemilius Macer. (II 6, 1)

Maronischer Wein: aus Maronéa, einer Stadt in Thrakien, die durch ihren Weinbau berühmt war. (IV 1, 57)

Marpessus. Ein Flecken am Ida in Phrygien: Sitz der erythräischen Sibylle, der „Marpesserin" Herophile. (II 5)

Mars. Gott des Krieges, Vater des Romulus, des Gründers der Stadt Rom. Der ursprüngliche römische Kalender begann mit dem nach ihm benannten Monat Martius (März), dessen erster Tag der dem Gott geweihte Feiertag war. (III 1; IV 2)

Medea. Tochter des Königs Äetes von Kolchis, zauberkundig.

Melampus. Berühmter Arzt und Seher, Sohn Amythaons. (IV 1, 121)

Meles. Fluß bei Smyrna, Homers angeblichem Geburtsort. (IV 1, 201)

Memnon. König von Äthiopien, Sohn des Tithonus und der Aurora (Morgenröte), zog den Trojanern zu Hilfe und wurde von Achilles getötet (Ovids Totenklage, Am. III 9, 1)

Messalla. Marcus Valerius Messalla Corvinus, geboren 64 vor, gestorben 8 nach Christi Geburt, Staatsmann und Redner, Freund und Förderer Tibulls. Von seinen Reden, Übersetzungen und grammatischen Arbeiten ist nichts auf uns gekommen. (Einleitung; 1 3, 1; I 5, 31; I 7; II 1, 21 ff.; IV 1)

Messalinus. Ein Sohn Messallas. (II 5, 17)

Minos. König von Kreta, Ariadnes Vater. (III 6, 41)

Molorchus. Ein armer Winzer nahe bei Nemea; er beherbergte Herakles, der ihm nach Erlegung des Löwen von Nemea zum Dank alle Äcker in der Umgebung der Stadt schenkte. (IV 1, 13)

Nestor. König von Pylos, einer der Helden von Troia. (IV 1, 49)

Nisus. König von Megara, Vater der Scylla, die ihres Vaters purpurnes Haar, auf dem das Schicksal des Staates beruhte, abschnitt und seinem Feinde Minos gab, worauf Vater und Tochter in Raubvögel verwandelt wurden. (I 4, 63)

Numicus. Ein kleiner Küstenfluß in Latium, der bei Ardea ins Tyrrhenische Meer mündet. (II 5, 43)

Orcus. Unterwelt und Totenreich, auch Name des Gottes der Unterwelt, also des Pluto. (III 3, 38)

Ops. Die Erde als Götin und Mutter der Feldfrüchte, der Nahrung, des Überflusses; ihre Heimat ist das Ida-Gebirge in Kleinasien. (I 4, 68)

Orpheus. Der große Sänger; seine Eltern waren Gottheiten: die Muse Kalliope und Apollon. Seine Heimat war Thrakien, daher „ismarisch" genannt nach dem thrakischen Berg Ismaros. (Ovids Totenklage)

O s i r i s. Schutzgott Ägyptens, Gemahl der Isis. (I 7, 27 ff.)

P a d ä e r. Ein Nomadenvolk im nordwestlichen Indien. (IV 1, 145)

P a l a t i u m. Einer der Hügel Roms, wo später Augustus und seine Nachfolger ihren „Palast" hatten. (II 5, 25)

P a l e s. Eine Hirtengöttin. Ihr Fest waren die „Palilien" am 21. April. (I 1, 36; II 5, 28)

P a n. Ein Wald-, Weide- und Hirtengott, Erfinder der Hirtenflöte, Schutzgott der Herden und Jäger, der Schreckensgott der Wanderer („panischer Schrecken). (II 5, 27)

P a n c h a ï a. Sagenhafte Insel im Roten (erythräischen) Meer. (III 2, 23)

P a n n o n i e r. Volk, das nördlich von Griechenland zwischen Dacien, Illyrien und Noricum wohnte, etwa auf dem Gebiet des heutigen Ungarn und Jugoslawien. (IV 1, 109)

P e l o p s. Von seinem Vater Tantalus geschlachtet und den Göttern vorgesetzt. Diese erkannten die Herkunft der gräßlichen Speise und berührten sie nicht; nur Ceres, versunken in ihr Leid um Proserpina, aß eine Schulter. Die Götter fügten die Glieder zusammen zu neuem Leben; die fehlende Schulter

wurde durch eine elfenbeinerne ersetzt. (I 4, 63)

P e n t h e u s. König von Theben, Enkel des Kadmos, verachtete den Bacchus-Kult und wurde dafür von seiner Mutter und andren rasenden Bacchantinnen zerrissen. (III 6, 24)

P e r s e p h o n e. Lateinisch: Proserpina. Tochter der Ceres und des Juppiter, Gemahlin des Pluto, der sie auf Sizilien beim Blumenlesen entführte, daher Königin der Unterwelt und der Totenwelt.

P h o e b u s. Siehe Apollo.

P y t h o. Alter Name von Delphi. (II 3)

P i e r i d e n. Töchter des Makedoniers Pierus: die neun Musen. Nach ihnen benannt: der pierische See.

P l u t o. König der Unterwelt, Bruder Juppiters und Neptuns. (IV 1, 67)

P r i ä p u s. Gott der Baumfrüchte, Gärten und Weinberge, der zeugenden, befruchtenden Naturkraft. (I 1, 17)

P y l o s. Stadt in Messenien, Sitz der Könige Neleus und Nestor. (IV 1, 48)

P h y t o. Sibylle von Samos. (II 5)

R h o d a n u s. Lateinischer Name der Rhône. (I 7, 11)

R o m u l u s. Zwillingsbruder des Remus und mit ihm zusammen Gründer der Stadt Rom.

R u t u l e r. Ein Volksstamm im
alten Latium, dessen Haupt-
stadt Ardea war. (II 5, 47)

S a n t o n e. Die Santonen, eine
Völkerschaft im aquitanischen
Galien an der Küste, in der heu-
tigen Provinz Saintonge. (I 7,
10)

S a t u r n u s. Latinischer Gott der
Saaten und Pflanzungen, Gemahl
der Erdgöttin Ops. Später mit
dem griechischen Kronos gleich-
gesetzt, Vater des Juppiter und
seiner Geschwister, von Juppi-
ter als Weltherrscher gestürzt.

S i b y l l e. Weissagende Prieste-
rin des Apollo. (II 5, 15 ff.)

S k y l l a. Hoher Fels auf einer
Landspitze am Eingang der si-
zilischen Meerenge, dem Strudel
Charybdis gegenüber, gefähr-
lich für die Seefahrer. Auf dem
Felsen haust Skylla, Tochter des
Phorcus, die von Kirke aus
Eifersucht in ein Ungeheuer mit
Hunden am Unterleib verwan-
delt wurde. (III 4)

S k y t h i e n. Barbarisches Land
im Norden des Schwarzen Mee-
res. (III 4)

S i d on. Die älteste und wichtigste
Stadt Phöniziens, wo zuerst die
Purpurschnecke verwertet wurde.
(III 3, 17)

S o l. Lateinischer Name des Son-
nengottes. (IV 1, 62, 67)

S t y x. Die Styx ist ein Gewässer
der Unterwelt.

S y r t e. Sandbank an der afri-
kanischen Küste.

T a e n a r u m. Vorgebirge in La-
konien, berühmt durch seinen
schwarzen Marmor. (III 3, 14)

T a m y r i s. Eine skythische Kö-
nigin. (IV 1, 144)

T a n a i s. Fluß im europäischen
Sarmatien, jetzt: Don. (IV 1,
147)

T a r b e l l a P y r e n e. Die „tar-
bellische Pyrene", d.h. der west-
lichste Teil des Pyrenäengebir-
ges, an dessen nördlichem Fuß
der Stamm der Tarbeller wohnte.
Pyrene war eine Geliebte des
Herakles, die auf dem nach ihr
benannten Gebirge begraben
wurde. (I 7, 9)

T h e r ä i s c h e S i e d l e r. Be-
nannt nach Thera, einer Insel
bei Kreta. (IV 1, 140)

T h e s e u s. Königssohn aus
Athen, vermählte sich mit Ari-
adne, der Tochter des Königs
Minos von Kreta, ließ sie aber
allein auf der Insel Naxos zu-
rück.

T h e t i s. Eine Meernymphe, Toch-
ter des Meergottes Nereus, ver-
mählt mit König Peleus von
Thessalien. Beider Sohn ist Achil-
les. (Ovids Totenklage; Tib. I 5,
45/46)

T i b u r. Das heutige Tivoli, Stadt
am Anio. (II 5, 69)

T i s i p h o n e. Eine der drei Fu-
rien (I 3, 67)

T i t a n. Der von den Titanen
abstammende Sonnengott: Sol,
Helios. (IV 1, 50)

T i t y o s. Sohn Juppiters, ver-
griff sich an der Göttin Latona.

der Mutter Apollos und Dianas,
wurde von Apollo mit Pfeilen
getötet und liegt in der Unter-
welt über neun Hufen Landes
ausgestreckt; an seiner immer
neu wachsenden Leber nagen
Geier. (I 3, 73)

T u s c u l u m. Stadt in Latium.
(I 7, 57)

T u r n u s. König der Rutuler,
von Äneas getötet. (II 5, 48)

V a l g i u s. Titus Valgius Rufus,
ausgezeichneter Dichter, dessen
Werke verschollen sind. Horaz
widmete ihm eine Ode (II 9)
und erwähnt ihn in seinen Sa-
tiren (I 10, 82)

V e l a b r u m. Ein Stadtteil Roms.
. (II 5, 33)

V e n u s. Göttin der Liebe,
Amors Mutter. (IV 5, 13; IV
13, 23)

V u l c a n u s. Gott des Feuers;
ließ durch die ihm dienstbaren
Cyclopen Waffen für Götter
und Helden schmieden; Sohn
Juppiters und Junos, Gemahl
der Venus. (I 9, 49)